L'AGENDA 2063 DE L'UNION AFRICAINE, UN HORIZON PERDU

Que le symbolisme laisse place au pragmatisme

Sidy Ndiaye

L'AGENDA 2063 DE L'UNION AFRICAINE, UN HORIZON PERDU

Que le symbolisme laisse place au pragmatisme

L'Harmattan Sénégal

10 VDN, Sicap Amitié 3, Lotissement Cité Police, DAKAR

http://www.harmattansenegal.com
senharmattan@gmail.com
senlibrairie@gmail.com

ISBN: 978-2-343-23742-8

EAN: 9782343237428

Avant-Propos

Le continent noir, comme aiment l'appeler certains, hormis le fait d'être le berceau de l'humanité et ceci sans conteste, n'a pas connu jusqu'à ce jour son heure de gloire.

Dans l'esclavage, nos chers ancêtres, qui étaient pourtant dignes dans leur culture, dignes dans leur tradition, se sont vus arracher à l'affection des leurs pour la vie, par des hommes venus d'ailleurs qui arguaient sans convaincre la suprématie de leur civilisation. Avec force et sous la contrainte de leurs armes, il s'est ensuivi plus de trois siècles de traite, d'humiliation et de crime contre l'humanité, ce que d'ailleurs certains de leurs descendants commencent à avouer. Et comme pour confirmer la rhétorique qui dit que « le malheur ne vient jamais seul », ces esclavagistes se sont mués en colonisateurs, sous couvert de l'évangélisation et de la scolarisation, pour piller nos ressources qui étaient nécessaires à l'essor de leur industrialisation.

De cette colonisation naissait un système de *balkanisation* des peuples africains jadis unis sous de grands empires comme ceux du Ghana et du Mali, qui polarisaient plusieurs de nos États actuels, mais aussi, un système d'administration a été instauré, système qui était en fait un moyen de contrôle de leurs intérêts pour l'exploitation de nos richesses minières et l'organisation des campagnes agricoles.

C'est le lieu alors de **rendre hommage** à nos vaillants résistants :

— **Almamy Samory Touré,** l'empereur de Wassoulou et digne fils de Miniambaladougou, l'actuelle Guinée ;

— **Gbêhanzin,** roi d'Abomey dans le Dahomey, l'actuel Bénin ;

— **Le peuple zulu** avec la débâcle des Anglais à Isandhlwana ;

— **Muhammad Ahmad Abd Allah,** le mahdi en Égypte ;

— **Lat Dior Diop,** le Damel du Cayor au Sénégal, et tant d'autres.

Ces valeureux fils du continent ont su se dresser face à ces colonisateurs dont ils ont compris les raisons inavouées de la présence sur nos terres, qui n'étaient rien d'autre que l'accaparement de nos ressources. Ces résistants ont, malgré les moyens dérisoires comparés à la puissance de l'armée colonisatrice, démontré la bravoure, le courage et la fierté qui fondent le caractère d'un Africain.

Hommage également aux pères fondateurs des différentes nations africaines dont nous avons hérité. Ceux-là mêmes qui ont commencé le combat pour une indépendance de nos États, depuis les universités occidentales et soviétiques. Ils avaient compris à juste titre les enjeux d'une indépendance de toute l'Afrique pour pouvoir aspirer à un développement du continent.

Cet engagement hautement patriotique découle de la démythification qui a longtemps entouré la théorie sur la suprématie intellectuelle et civilisationnelle de l'homme blanc pour asseoir sa domination. En effet, en fréquentant leur école, les illustres pères de nos nations commençaient à manier mieux que beaucoup de *toubabs* leur propre langue ; l'agrégation à la grammaire française de Léopold Sédar Senghor, l'éloquence de Houphouët-Boigny, la maîtrise de la diplomatie de Boubacar Diallo Telli, premier secrétaire général de l'Organisation de l'Unité Africaine (OUA), en sont des illustrations parfaites.

Ces premiers étudiants africains admis dans les universités françaises, anglaises, espagnoles et même soviétiques, avaient décidé de revenir au pays afin de tenir tête à l'administration coloniale par des guerres de libération contre les colons en Algérie, en Angola, un renoncement à tout l'héritage colonial en Guinée et des oppositions farouches à la politique d'assimilation partout ailleurs dans toutes les autres colonies.

En conséquence de ces mouvements de résistance, l'ère des indépendances sonna pour beaucoup de nos États à partir de la fin des années 1950, début des années 1960. Ce vent de libre administration fut une lueur d'espoir pour le développement du continent. Plus qu'une lueur, Ahmadou Kourouma, en 1968, considère quant à lui les indépendances comme un soleil, pour montrer à quel point les Africains étaient dans l'obscurantisme, d'où le titre de son ouvrage : *Les soleils des Indépendances*[1].

Enfin, le départ des colons était acté ; que ce soit avec violence ou sans, le plus important était de retrouver notre liberté et notre honneur afin de jeter les bases du développement de l'Afrique, ce qui a été la motivation principale de tout ce combat et de tous ces sacrifices. Hélas, ce legs de nos aînés au prix de leur sang, pour nous, les générations post-indépendance, est devenu comme un lourd héritage. On a comme l'impression que nos dirigeants actuels n'ont pas su décrypter le message laissé par nos anciens, qui est de savoir que l'indépendance n'était pas une fin en soi, mais plutôt un préalable nécessaire au retour des grands ensembles, que les envahisseurs avaient démantelés et divisés afin de mieux régner. Pour preuve, l'institution de ces grands ensembles a été prônée par Cheikh Anta Diop dans son ouvrage *Les fondements économiques et culturels d'un État fédéral d'Afrique noire*[2], avec des projets d'électrification et d'industrialisation de dimension continentale.

Cependant, force est de constater que la priorité des priorités de nos gouvernants, comme ils le disent trop souvent, c'est de conquérir le pouvoir et d'y rester, en

---

[1] 1968, Presses de l'Université de Montréal, puis le Seuil.

[2] 1960, Présence africaine.

foulant au pied tous leurs engagements pris, même ceux panafricanistes, alors que beaucoup d'entre eux avaient fait le serment constitutionnel d'œuvrer pour une intégration africaine, voire une union continentale, ce qui est un impératif pour tout développement de nos États.

Les exemples d'unions économico-commerciales, dont la dernière en date est le CETA (Canadian European Trade Accord), prouvent avec insistance ce nouvel ordre mondial. Aussi, le général de Gaulle ne disait-il pas que l'heure est aux grands ensembles ? Même les grands pays, souvent appelés « États-continents », comme les USA, la Chine et l'Inde, veulent encore s'unir à d'autres États (voisins comme lointains) pour davantage peser sur la marche du monde, ce qui ne laisse d'ailleurs aucune place aux petits États.

Il est temps qu'une nouvelle génération de jeunes panafricains puisse relever ce défi, porter cet étendard d'une Afrique unie et forte, afin de lui redonner sa place sur l'échiquier mondial.

Chapitre I

Au nom du panafricanisme

Je ne suis pas africain parce que je suis né en Afrique,
mais parce que l'Afrique est née en moi.

Kwamé Nkrumah,
Président de la République du Ghana de 1960 à 1966.

I. Les pères fondateurs du panafricanisme

Les précurseurs du panafricanisme ont posé les bases d'une identité africaine forte et unie, seul gage contre l'oppression et la domination dont les peuples africains ont toujours fait l'objet.

William Edward Burghardt DUBOIS, d'ailleurs premier Noir titulaire d'un doctorat à Harvard, s'est opposé au commerce des Africains dans sa thèse intitulée « La suppression de la traite négrière aux États-Unis de 1638 à 1870 »[3], dans laquelle il a défendu sa foi en une culture noire. En effet, il avait compris que la culture est le soubassement de toute identité et le socle de toute société.

Il a le mérite de s'être opposé à une administration américaine profondément attachée à ses idéologies racistes et suprématistes à son époque. L'autre mérite qui lui revient de droit est d'avoir revendiqué la jouissance de tous les droits humains, en pleine période ségrégationniste, pour ses frères et sœurs afro-américains fraîchement libérés de l'esclavage.

Son courage a servi d'émulation à d'autres valeureux fils du continent pour engager des fronts contre l'apartheid en Afrique du Sud et au Zimbabwe, et d'autres contre la colonisation des peuples africains opprimés en Algérie, en Angola et ailleurs.

C'est ainsi que **Kwamé Nkrumah**, artisan de l'indépendance de son pays, la Haute-Volta, l'actuel Ghana, avait toujours prôné l'unité des peuples africains à travers les 6e et 7e conférences panafricaines tenues respectivement en 1953 à Kumasi et en 1958 à Accra. Il avait, à l'occasion, suggéré la mise en place d'un gouvernement central africain lors de la rédaction de la

[3] Thèse soutenue en 1895

Charte de l'OUA le 25 mai 1963 à Addis Abeba, en Éthiopie.

Son idée ne fut pas retenue parce que la plupart des États qui avaient pris part à ces rencontres étaient nouvellement créés et leurs dirigeants à l'époque avaient pris goût à une indépendance et à une autonomie dans la gestion des affaires de leur nation.

Tout compte fait, ce gouvernement central africain de dimension continentale pourrait permettre de prendre en charge avec des moyens conséquents les projets d'envergure régionale et même continentale comme l'érection de barrages hydro-électriques au niveau des grands fleuves d'Afrique comme le Nil, le Congo, le Zambèze, le Niger, l'Ogooué, etc. Ce gouvernement africain aurait pu également construire un réseau dense de chemin de fer pour relier toutes les grandes villes, comme ça s'est fait dans les autres continents, afin de faciliter le commerce intra-africain et renforcer la mobilité et l'intégration des peuples d'Afrique.

Marcus Mosiah Garvey Jr, cet activiste politique jamaïcain, fut le fondateur et le premier président de l'Universal Negro Improvement Association (UNIA) et de la Ligue des communautés africaines (ACL), deux associations de lutte pour les droits des Africains. C'est à travers ces deux mouvements qu'il défendait une idéologie nationaliste noire et panafricaniste, connue sous le nom de garveyisme.

Il s'installa aux États-Unis pour y créer une antenne de l'UNIA dans le district de Harlem, à New York. Selon lui, l'unité entre les Africains et la diaspora africaine doit s'établir et il va même mener une campagne pour la fin de la domination coloniale européenne en Afrique et l'unification politique du continent. Ainsi, après la défaite de l'Allemagne lors de la Première Guerre mondiale en 1918, Marcus aura le courage de proposer aux alliés, par une pétition, l'indépendance des ex-colonies allemandes, pour leur permettre de devenir des États indépendants et souverains et réaliser son plan pour un retour des Afro-Américains sur les territoires qui constitueraient, selon lui, la nouvelle « terre promise ». Garvey n'a jamais cru que les Afro-Américains pourraient vivre libres et respectés ailleurs qu'en Afrique. Malheureusement, sa pétition fut rejetée et les puissances européennes se partagèrent les colonies.

Par reconnaissance envers son engagement panafricain, il recevra des éloges pour avoir suscité un sentiment de fierté et d'estime de soi parmi les Africains et la diaspora africaine dans un contexte de discrimination raciale et de colonialisme.

Haïlé Sélassié, le grand souverain du peuple d'Éthiopie, de son vrai nom Tafari Makonnen, avait choisi le titre de Haïlé Sélassié 1er lors de son couronnement comme empereur d'Éthiopie en novembre 1930. En début de règne, entre 1935 et 1941, Haïlé Sélassié 1er va faire face à l'occupation italienne de son pays, dont il ne va jamais reconnaître la légitimité de l'annexion, considérant qu'il régnait encore pendant cette période. Ainsi, il récusa l'administration coloniale italienne en engageant une guerre italo-éthiopienne et profita de l'appui des alliés de la Seconde Guerre mondiale pour se défaire de l'invasion italienne.

Soucieux de faire adhérer son pays au mouvement d'indépendance de l'Afrique, il participa activement à la mise sur pied d'une organisation panafricaine, d'où la création de l'Organisation de l'Unité Africaine (OUA) fondée en 1963, mais avec son souhait, le siège de l'organisation panafricaine fut érigé à Addis Abeba, dans la capitale éthiopienne. D'ailleurs, il coprésida l'OUA avec le Président malien Modibo Keita, en 1963, et parvint à faire conclure des accords entre le Maroc et l'Algérie en 1964 à Bamako, pour mettre fin à la guerre des sables.

L'empereur Haïlé Sélassié obtint de nombreuses décorations de pays d'Afrique et de l'Occident, qui marquent son engagement panafricain et son sens élevé de la diplomatie.

Ces illustres panafricains ont eu le courage de braver la toute-puissance coloniale européenne de l'époque, et le fruit de leur engagement a permis la reconnaissance d'une culture africaine et la libération des peuples d'Afrique par l'indépendance des États. Cet ambitieux mouvement panafricaniste va se consolider avec d'autres ferventes figures emblématiques du continent.

II. Les grandes œuvres des panafricanistes

L'œuvre des précurseurs pour une Afrique unie dans ses cultures, ses traditions et même dans ses richesses économiques énormes va être perpétuée par une autre génération de panafricanistes comme Sékou Touré, Cheikh Anta Diop, Nelson Mandela, Mouammar Khadafi, parmi tant d'autres.

Sékou Touré, le premier Président de la fraîche République de Guinée, a été l'élément déclencheur du processus d'indépendance de presque tous les pays africains sous colonisation française. Le général de Gaulle, en sentant les aspirations profondes des colonies comme une cocotte-minute qui allait sauter, aurait dit : « J'ai desserré les liens avant qu'ils ne se rompent ». Cette stratégie du maintien de la présence française en concédant quelques parcelles de pouvoir aux colonies a été catégoriquement refusée par le Président Sékou Touré, qui avait opté pour une indépendance totale et immédiate.

Ce courage inédit à l'époque fut sanctionné par des mesures d'austérité et même des tentatives de renversement de son régime, orchestrées par la France à son encontre. Mais sa bravoure eut un effet d'émulation pour tous les mouvements de libération nationale qui, pour certains, avaient même des antennes dans les quartiers de Conakry : le PAIGC[4] de la Guinée-Bissau et du Cap-Vert, l'ANC de l'Afrique du Sud, etc.

C'est dire que la Guinée de Sékou Touré a servi d'incubateur à beaucoup de mouvements indépendantistes en Afrique de l'Ouest. En effet, la Guinée a longtemps joué le rôle de base arrière et même

---

[4] Parti Africain pour l'Indépendance de la Guinée et du Cap-Vert d'Amílcar Cabral et Henri Labéry.

de lieu de refuge pour les dirigeants irrédentistes clandestins qui faisaient l'objet de poursuites et de persécutions de la part des administrations coloniales françaises, portugaises et britanniques.

Pour **Cheikh Anta Diop**, il est inéluctable et même impératif que les États africains aillent vers un fédéralisme, pour mieux porter les projets de développement du continent. Dans son ouvrage *Les fondements économiques et culturels d'un État fédéral d'Afrique noire*, il cite un certain nombre de projets de dimension africaine comme la construction de barrages hydro-électriques sur le fleuve Zaïre, deuxième du monde en termes de volume de son débit, mais aussi sur la Sanaga, au Cameroun, et l'Ogooué, au Gabon.

Cet égyptologue convaincu sur la culture et la couleur noires des pharaons avait estimé, et à juste titre, que le développement de l'Afrique passera forcément par une union des forces. Hélas, le temps continue toujours de lui donner raison, puisque la quasi-totalité des pays africains reste logée à la même enseigne en matière de développement par les institutions de Bretton Woods (la Banque mondiale et le FMI). Le statut de PMA (Pays Moins Avancé) qui leur est conféré renseigne à plus d'un titre sur la situation d'extrême pauvreté à laquelle leurs populations sont confrontées. À travers des initiatives d'aide au développement et même d'éradication de la pauvreté, comme celle des PPTE (Pays Pauvres Très endettés), ces États sont devenus dépendants de ces types de mesures pour pouvoir gérer leurs dépenses courantes, pour des pays qui se disent indépendants.

Ainsi, en lieu et place d'une fédération, ou à la limite d'une confédération africaine, les phénomènes de repli identitaire de certains peuples continuent de déchirer le continent. L'éclatement du Soudan en deux États souverains constitue l'exemple le plus récent. Et cette situation d'échec motive encore d'autres organisations irrédentistes comme le Sahara occidental à poursuivre leurs revendications souverainistes.

Comme pour narguer l'héritage idéologique de Cheikh Anta, ces phénomènes concourent à saper les élans du panafricanisme.

Un autre grand homme non moins panafricain a joué un rôle déterminant dans la libération de son peuple et a redoré l'image de l'Afrique, je veux nommer Son Éminence **Nelson Rolihlahla Mandela**, dit Madiba, figure marquante du fameux parti ANC (African National Congress).

En 1943, quand Mandela a rejoint l'ANC, il a su convaincre ses camarades de mener une lutte pacifique par la désobéissance civile, en incitant par exemple au refus du port obligatoire de laissez-passer pour les Noirs pour accéder à certains quartiers réputés exclusivement pour Blancs.

Cette méthode de lutte inspirée par Gandhi, qui avait séjourné à Durban après ses études en droit à Londres, démontre les attitudes non violentes de Mandela. En observant de tels comportements, il pensait ébranler le gouvernement du parti national qui, par contre, leur a opposé une farouche répression, par des violences policières et militaires.

Ainsi, suite à l'interdiction des activités de l'ANC en 1960, il créa une branche armée de l'ANC qu'ils vont appeler « Fer de lance de la nation » pour s'attaquer au gouvernement et à sa politique de l'apartheid, jugeant inefficaces les opérations de désobéissance civile. Mandela entra en résistance armée contre le pouvoir ségrégationniste jusqu'en 1962, année où il fut arrêté et condamné à la perpétuité en 1964, à la prison de Robben Island.

Malgré les longues années de détention et les brimades subies de la part de ses geôliers, Madiba a su, après sa libération, pardonner et réconcilier tout le peuple sud-africain sans distinction de races, pour ainsi créer une « nation arc-en-ciel », dont il présida la destinée juste pour quelques années, avant de céder le pouvoir, pour aller se reposer, disait-il.

La grandeur de cet homme d'État multidimensionnel force le respect et va émouvoir l'humanité tout entière. Ainsi, Nelson Mandela va entrer dans la postérité pour toujours, pour son sens élevé du pardon, puisque d'aucuns pensaient en toute logique qu'il allait se venger de ses oppresseurs une fois au pouvoir. Madiba a montré une autre voie : celle de la réconciliation nationale entre les Blancs qui étaient devenus des citoyens à part entière puisque nés en sol sud-africain et les Noirs autochtones.

Un autre panafricaniste dont la vision d'une Afrique unie en un seul bloc était constante est **Mouammar Kadhafi**. Il avait fini de comprendre que c'était le seul salut pour que l'Afrique puisse prendre en main sa propre destinée et être capable de rivaliser dignement avec les autres continents. Il s'était inscrit définitivement dans l'action plus que dans la pensée, en arborant ostensiblement l'effigie du continent dans tous ses atours. Il a également influencé la refondation de l'OUA en une Union africaine lors de la déclaration de Syrte en 1999, en proposant de financer toutes les activités allant dans ce sens.

Ainsi, il avait suggéré la mise en place d'une Union monétaire africaine (UMA) et avait dégagé une enveloppe de 30 milliards de dollars pour la création de cette banque panafricaine qui devait avoir pour siège Yaoundé, la capitale du Cameroun. Il avait également pensé, dans l'accompagnement de cette organisation, à la création d'une banque centrale africaine (BCA), qui devait installer son quartier général à Abuja, la capitale fédérale du Nigeria. Il était question que cette banque africaine commence à émettre une monnaie africaine à partir de 2014.

Le guide libyen avait, par ailleurs, mobilisé plusieurs milliards de dollars pour la création de banques sahélo-sahariennes au Sénégal, au Mali, au Niger, en Mauritanie, au Tchad, etc., et le rachat de plusieurs firmes multinationales occidentales présentes en Afrique, pour ainsi réduire leur emprise sur les économies du continent. C'est ainsi que la compagnie Mobile Oil, du groupe américain Exxon Mobil, était devenue **Oil Libya** dans la majeure partie de la sous-région ouest-africaine, où elle avait des stations de distribution de carburant.

Pour pallier la disparition de la compagnie Air Afrique, Kadhafi avait également lancé en 2001 la compagnie de transport aérien **Afriqiyah Airways,** qui a son siège social à Tripoli – qui d'ailleurs a survécu après son assassinat, en continuant d'assurer la liaison entre les capitales africaines.

Et pour réduire la dépendance des nouvelles technologies de la communication, Mouammar Kadhafi avait offert le premier satellite de télécommunications entièrement dédié au continent africain, le **RASCOM-QAF 1**. Le lancement pour sa mise en orbite fut effectué le 20 décembre 2007. Une première dans l'histoire des peuples africains !

Qu'est-ce qu'il n'a pas fait ou suggéré, ce panafricain à la pensée et à la démarche pratiques, pour l'union et le développement de l'Afrique ? Je laisse le soin à chacun de nous autres Africains de répondre à cette interpellation qui nous concerne tous. Et quand il s'est agi de le soutenir en tant que frère africain, face à une menace étrangère qui a utilisé son peuple comme un cheval de Troie, pour le pousser à revendiquer un vent de changement dont il n'avait nullement besoin, puisque tous les services sociaux de base leur avaient été offerts – eau, électricité, éducation et bien d'autres –, ses pairs africains ont préféré adopter une posture de neutralité, au risque de ne pas froisser leur amitié légendaire avec ce pays qui les avait colonisés et qui conduisait les opérations.

En effet, le guide libyen était devenu gênant pour les intérêts des puissances occidentales, par sa force financière et son vœu pour une Afrique unie et forte. Son assassinat dans des conditions indignes et inhumaines a freiné sérieusement les prémisses d'un développement du continent et continue de plonger son pays, jadis prospère et bien organisé, dans un conflit interne permanent qui se résume en un territoire sans État.

Qu'ils sachent – les deux camps qui luttent pour le pouvoir et le peuple libyen qui regrette amèrement son guide – que ces puissances étrangères qui ont participé activement à l'assassinat de Kadhafi, ce qui a d'ailleurs plongé leur pays dans le précipice auquel ils sont condamnés, ne leur apporteront jamais la paix et la stabilité comme elles le prétendent. Elles n'en ont point intérêt !

Et depuis la mort de Kadhafi, on a comme l'impression que les dirigeants africains ont maintenant peur d'agiter toute idée de panafricanisme. Chacun se garde de s'occuper de ses problèmes intérieurs, qui restent d'ailleurs les mêmes dans la plupart de nos pays africains : pauvreté, chômage des jeunes, manque de démocratie, problématiques du développement.

Avec cette nouvelle génération de dirigeants africains, l'engagement pour une intégration africaine devient un simple discours politique. De façon imagée, ce fut comme dans une course de relais où l'un des coureurs perd le relais et que tous les efforts de l'équipe ou du groupe se retrouvent compromis. Effectivement, ce relais ou ce legs de nos valeureux précurseurs du panafricanisme est comme abandonné aujourd'hui. Cependant, l'espoir est permis quand on voit des activistes[5] tenter de reprendre le flambeau avec tous le mépris qu'ils essuient ; moi, en tant que panafricaniste, je nourris une certaine fierté à leur égard.

Cela ne devrait pas étonner, si l'on constate qu'une partie essentielle des intellectuels des pays de l'Afrique se muent en politiques pour espérer occuper des postes électifs ou administratifs pour satisfaire leur intérêt personnel. Rares sont ceux qui nourrissent un engagement citoyen, encore moins panafricain. Alors ces activistes se substituent à eux, pour défendre et porter la voix de leur peuple, et c'est le lieu de les encourager et de les féliciter dans ce combat.

III. L'immigration irrégulière n'est pas une solution

Revenons au manque d'intérêt notoire dont nos dirigeants actuels ont fait montre, pour une véritable union africaine. La conséquence qui en a découlé est que les jeunes, ayant perdu tout espoir ainsi que leur identité culturelle, s'engagent sur les routes de l'immigration clandestine avec son lot de dangers et de désolations, comme si notre continent était condamné.

Et pourtant non !

---

[5] **Filimby** au Congo RDC, **Balai citoyen** au Burkina et **Y'en a marre** au Sénégal, entre autres.

Hé oui, des jeunes restent et réussissent dans leurs affaires ici même en Afrique.

Par contre, ces autres jeunes qui optent pour l'immigration clandestine ont juste fait un choix, celui de vouloir gagner leur vie ailleurs. En effet, l'ampleur du phénomène des vagues d'immigration vers l'Europe laisse penser à une situation de crise majeure dans les pays de départ de ces migrants. Il est vrai que la plupart de ces États sont frappés par une mal gouvernance et un népotisme tels que le chômage des jeunes n'émeut plus, mais cela ne justifie pas pour autant la perte des nombreuses vies tout le long de cet exode.

Et pourtant, certains avaient même un métier ou une activité rémunératrice, mais ils ont préféré goûter à l'aventure, au péril de leur vie. L'embarcation dans des pirogues de fortune pour rallier l'autre rive de la Méditerranée, la traversée du désert saharien et le séjour pour les plus infortunés dans l'enfer des prisons libyennes où leurs geôliers se permettent de les vendre comme des bêtes, rappelant douloureusement les périodes sombres de l'esclavage des Noirs, ne constituent point une dissuasion pour ces migrants aveuglés par l'hypothétique Eldorado européen. Faisant fi de tous ces risques, cette partie de la jeunesse africaine continue de braver le danger et d'augmenter de jour en jour le nombre effroyable de morts sur les routes de l'immigration clandestine – des milliers.

La difficulté d'endiguer ce phénomène reste une épineuse équation, parce que ces jeunes sont toujours déterminés à contourner tous les plans de contrôle et de dissuasion. Alors c'est cette détermination suicidaire qu'il va falloir casser et toute la responsabilité revient aux États de créer les conditions de leur maintien dans leur pays d'origine, par la création d'emplois décents et non politiques.

À mon avis, même si les raisons de cette quête – à la limite insensée – d'un mieux-être social sont compréhensibles pour des jeunes sans espoir d'un lendemain meilleur, elles demeurent injustifiées, au regard des risques encourus. Il est vrai que la plupart de ces jeunes ont perdu toute confiance en leurs dirigeants, à créer un système d'accès à l'emploi non discriminatoire et non népotique, d'autant plus que le favoritisme par appartenance politique est devenu ostensible et s'érige même en règle. Hélas, tout le monde ne peut pas faire de la politique !

Cependant, une bonne mobilité des personnes, dans le cadre d'un accord de libre circulation entre les États, en faisant tomber toutes les barrières (sans visa d'entrée), pourrait permettre à certains pays africains en manque de main-d'œuvre de pouvoir absorber ce flux migratoire. Et des pays africains ont réussi cette ouverture aux citoyens des pays voisins. À titre d'exemples, la Côte d'Ivoire accueille beaucoup de Burkinabés et de Maliens sur son sol ; l'Afrique du Sud reste une destination de choix pour de nombreux migrants, surtout anglophones ; le Sénégal continue d'offrir son hospitalité avec sa *téranga* légendaire, mais aussi, nos concitoyens sénégalais sont présents dans beaucoup de pays de la sous-région, et tant d'autres exemples. Le Rwanda a même exprimé le besoin d'accueillir des migrants pour pallier le manque de main-d'œuvre créé par le génocide. C'est dire que l'immigration interne ou l'exode interafricain est possible et peut même être une alternative crédible au phénomène meurtrier de l'immigration clandestine vers l'Europe.

En authentique panafricain, je peux dire que l'espoir est permis si nous essayons de retrouver nos valeurs africaines d'entraide, de solidarité et d'union tant prônées par nos vaillants ancêtres. À plus d'un titre, Dieu nous a unis au sein d'un continent, le seul à être délimité naturellement par différents océans, ce qui est un signal fort pour l'union.

VI. Une diaspora panafricaine

L'unité des peuples d'Afrique passera nécessairement par la participation de la diaspora à ce sursaut panafricain. Parmi les fils d'Afrique qui sont partis faire valoir leurs talent et compétences ailleurs, il y en a certains qui n'ont pas oublié leur origine africaine et constituent de beaux exemples de réussite.

Alioune Badara Thiam, alias Akon, avec son projet « Akon lighting Africa » qui s'appuie sur le taux d'ensoleillement annuel en Afrique, qui est de 320 jours sur 365, envisage d'électrifier plusieurs millions de foyers dans 40 pays d'ici 2020. En effet, plus de 100 000 lampadaires et 102 000 kits solaires domestiques sont déjà installés dans 480 localités et 14 pays du continent, depuis son lancement en 2014.

À ce rythme, ce projet de dimension africaine pourra se substituer aux différents programmes d'électrification en zone rurale de nos chers États pris individuellement. Preuve suffisante qu'avec une volonté déterminée, on peut réaliser de grandes œuvres et ne pas toujours brandir l'excuse du manque de moyens.

Ce projet d'envergure africaine va bénéficier d'un financement d'un milliard de dollars, un montant quand même conséquent, mais qui reste une goutte d'eau dans un verre par rapport aux besoins. C'est donc une invite tacite lancée par son initiateur, qui a foi en une Afrique unie, à l'endroit de tous les dirigeants du continent.

Pour pérenniser son action, Akon a également prévu dans son projet la création d'une académie de formation d'ingénieurs qui, à terme, devra former plus de 500 ingénieurs africains spécialisés dans les technologies liées à l'énergie solaire, ayant pour siège Bamako, la capitale du Mali, un État qui n'est d'ailleurs pas son pays d'origine, pour montrer encore une fois qu'il est grand temps qu'on réfléchisse africain et pas uniquement nationaliste. Projet ne pouvait être aussi élogieux, pour un fils qui pense venir à bout d'un problème récurrent : l'électrification rurale, qui du reste, freine l'éducation de beaucoup de jeunes, surtout ceux des villages.

Un autre exemple qui doit servir également d'émulation pour nos frères de la diaspora : l'engagement, la détermination, je dirais même le combat que mène le journaliste Alain Foka à travers ses émissions « Archives d'Afrique » et le « Débat africain » sur la Radio France internationale (Rfi), pour rétablir la vérité sur l'histoire contemporaine de l'Afrique et révéler le savoir-faire africain à travers le monde. Ce panafricaniste convaincu, qui tient toujours à rappeler comme un leitmotiv que « Nul n'a le droit d'effacer une page de l'histoire d'un peuple, car un peuple sans histoire est un monde sans âme », donne aux Africains l'opportunité de livrer leur version de l'histoire. Et à travers ces émissions, on apprend réellement la position de nos anciens durant les événements qui ont eu à marquer l'histoire de notre continent. Des différents mouvements de revendication indépendantiste aux fronts de libération au Maghreb et en Afrique au sud du Sahara, Alain nous livre les archives sonores de ces pères fondateurs de nos nations actuelles, à travers lesquelles l'engagement et les valeurs qu'ils incarnaient nous reviennent comme des repères.

Alors, ces dignes fils qui honorent l'Afrique méritent le statut de citoyen africain, s'il existait. Ils ont juste montré la voie à suivre pour les autres étudiants, professionnels et intellectuels africains qui vivent ailleurs en dehors du continent qui les a vus naître et bercés, pour qui l'heure du retour ne doit jamais être celle du « Grand retour », c'est-à-dire la mort. Ils doivent avoir toujours en conscience l'obligation de participer à l'effort de construction d'une Afrique qui reprend sa place dans la marche du monde, perdue depuis la fin du règne des pharaons d'Égypte.

Un appel est également fait à l'endroit de nos frères et sœurs afro-américains dont les ancêtres ont été arrachés à la terre-mère Africa ; qu'ils sachent que leur culture occidentale ne doit point les empêcher de venir se ressourcer en Afrique pour s'initier aux valeurs du

JOMM (dignité), du *JAMBAR* (bravoure) et du *JOUB* (loyauté), inculquées lors des rites initiatiques pour les hommes, organisés dans les bois sacrés à l'abri de tout regard indiscret par la plupart des ethnies de l'Afrique.

Ce sont à ces caractères d'hommes intègres que Thomas Sankara, alors tout jeune révolutionnaire, avait fait référence pour changer le nom de leur État, hérité des colons, à savoir, la Haute-Volta, pour consacrer celui de Burkina Faso, signifiant littéralement la « Terre des hommes intègres ». Hélas, ce jeune dirigeant ultrapatriote au point de menacer les intérêts des Occidentaux et plein d'ambitions pour son pays sera perdu par la confiance en ses hommes, des frères d'arme, mais la postérité l'a récompensé et continuera toujours de le faire pour son intégrité, en l'érigeant en modèle et comme référence pour les jeunes générations.

V. Les fonds de migrants, source de financement pour l'Afrique

Les transferts d'argent des migrants vers leurs pays d'origine peuvent également constituer des moyens efficaces pour participer à l'élan de développement de l'Afrique, par la création d'unités productives qui emploieraient de nombreux jeunes. Cette manne financière doit être investie dans des secteurs d'activité comme l'agriculture, l'élevage en milieu rural, les petites et moyennes industries pour la transformation des produits locaux, les petites brasseries, la boulangerie, etc.

Ceci pour permettre aux femmes et aux jeunes qui comptent rester de pouvoir accéder à un emploi décent et rémunérateur.

À l'heure actuelle, c'est tout le contraire qui est constaté.

En effet, le volume des transferts d'argent opérés par les migrants africains à travers le système classique est estimé à plus de 74 milliards de dollars en 2018 d'après les statistiques de la Banque Mondiale[6], avec à la tête des pays les plus bénéficiaires : l'Égypte, avec un volume de 28,9 milliards de dollars, et le Nigeria, avec un total de 24,3 milliards de dollars, qui totalisent à eux seuls 71,8 % du total.

Et cette manne financière est le plus souvent dépensée pour les charges de consommation et dans l'organisation de cérémonies folkloriques : mariage, baptême entre autres. Ce modèle du vivre au jour le jour sans penser au lendemain et sans investir dans un créneau porteur a été brutalement remis en cause lors de la crise financière de 2009 avec les subprimes. Cet effondrement de la finance bancaire aux États-Unis, causé par l'impossibilité pour certains bénéficiaires de prêts de pouvoir les rembourser, avait fini de couler plusieurs banques, entraînant la faillite de plusieurs autres en Europe, affectant ainsi toute l'économie mondiale.

---

[6] Selon la dernière édition de la note d'information de la Banque mondiale sur les migrations et le développement, publiée 8 avril 2019 à Washington.

Et beaucoup de familles africaines se sont retrouvées dans la précarité, parce que leurs membres, qui les maintenaient en perfusion financière, avaient perdu leur emploi. Les vagues successives de restructuration des entreprises européennes comme américaines se sont soldées par la suppression de milliers d'emplois pour la plupart non qualifiés que nos frères occupent le plus souvent dans ces unités productives ou fabriques.

Alors, il est grand temps que la diaspora redéfinisse ses priorités dans l'utilisation des fonds envoyés à leur famille, pour éviter le spectre de 2009.

Un autre combat est celui de la défense des idéaux panafricains ; la frange intellectuelle de la diaspora doit également y jouer pleinement son rôle, à travers la participation à tous les projets de développement en Afrique, la promotion et l'incarnation des valeurs africaines au niveau de leur pays hôte. Je suis d'avis que nos frères africains partis monnayer leurs compétences ailleurs doivent en retour se mettre au service du continent, en contribuant par leur disponibilité financière et par leur savoir-faire à l'élaboration de programmes aptes à endiguer les maux qui gangrènent l'Afrique. Ces maux ont pour noms : pauvreté, manque d'infrastructures scolaires et de santé, faible taux d'alphabétisation surtout en milieu rural.

Alors, par cette tribune, je lance un appel à l'endroit des intellectuels africains de la diaspora, pour qu'ils s'impliquent particulièrement dans les programmes de développement du continent initiés par l'Union africaine ou par leurs États pris individuellement, par des initiatives citoyennes de création de structures scolaires et/ou sanitaires surtout dans leurs villages ou localités d'origine, mais aussi par des notes d'orientation argumentées par les solides expériences acquises dans leurs compétences respectives.

Désormais, qu'on ne laisse plus les Occidentaux, à travers leurs agences de coopération, et les institutions internationales nous dicter leur modèle de développement sans bien tenir compte de nos spécificités et réalités continentales.

L'Afrique a assez d'intellectuels de rang mondial dans bien des domaines et formés dans les grandes écoles et universités du monde, alors laissons au continent la latitude de dérouler son propre projet de société.

VI. Le retour au pays après une formation qualifiante

Concernant la diaspora estudiantine, mon conseil est qu'il n'y a pas meilleur choix que de retourner travailler pour son pays après l'acquisition de solides connaissances dans les universités occidentales. L'expérience a montré que les étudiants africains en fin de formation, qui optent pour rester travailler en Europe ou aux États-Unis, se retrouvent contraints d'accepter des emplois en deçà de leurs qualifications et diplômes, sauf pour le domaine médical et l'ingénierie.

Il est très fréquent que des diplômés en master ou des docteurs en tout domaine – juridique, économique, sociologique, entre autres – soient obligés de se contenter de postes d'assistants ou de cadres moyens sans grande responsabilité, dans les entreprises ou les administrations de ces pays. Et cela se comprend, si l'on sait que la plupart des pays occidentaux sont confrontés à de réels problèmes d'insertion de leurs jeunes diplômés face au taux de chômage sans cesse grandissant.

Cependant, bien que les opportunités de trouver un emploi décent et rémunéré à la hauteur de leurs compétences dans nos pays soient de plus en plus rares, alors choix ne peut être plus glorieux pour les étudiants qui, malgré tout, comptent retourner au bercail, là où le besoin en connaissances académiques se fait le plus sentir. Et une fois de retour, leurs aspirations a des emplois de cadre supérieur dans le privé comme dans le public peuvent se heurter aux pratiques de népotisme et de copinage qui ont cours dans les méthodes de recrutement, mais du fait de leur formation innovante et de pointe, ils finissent toujours par s'insérer.

Il est vrai que c'est une option volontariste, si l'on compare les émoluments et le système de santé qu'offrent ces pays occidentaux. Ce sacerdoce, ces sacrifices très engagés du reste, seront toujours récompensés. Puisqu'on n'est jamais mieux respecté que chez soi.

C'est pour dire que la diaspora dans toutes ses composantes doit apporter sa partition dans l'œuvre de construction, plus qu'une renaissance, d'une Afrique unie, forte et prospère, qui occupe sa vraie place dans la marche du monde.

C'est d'ailleurs le legs que les pères fondateurs du panafricanisme ont laissé à la postérité et aux jeunes générations qui doivent en comprendre tout l'enjeu.

Chapitre II

La jeunesse africaine face aux enjeux du panafricanisme

I. L'absence de programmes scolaires sur le panafricanisme

Entendre parler du panafricanisme dans les programmes scolaires dans nos chers États relève de l'extraordinaire. En effet, l'idée d'une union des peuples d'Afrique n'est pas dans l'agenda de certains dirigeants africains, plus préoccupés à se faire réélire. C'est à cela qu'ils nous ont habitués, malheureusement.

Ainsi, ces pages de l'histoire de notre chère Afrique, comme dirait monsieur Foka, dont on prive la jeune génération et celles à venir, nous retournent comme un boomerang en pleine figure, par un manque de références et de repères pour nos jeunes qui vont jusqu'à s'identifier à des hommes qui ont jadis pratiqué ou défendu l'esclavage et la colonisation en Afrique.

Comble de la déchéance, en plus d'étouffer des pans entiers de notre histoire, même les résultats des recherches de nos scientifiques émérites sont négligés. Les exemples du professeur Cheikh Anta Diop sur le carbone 14, un système de datation très fiable, et sur l'égyptologie, mais aussi de Cheick Modibo Diarra, cet astrophysicien malien qui a travaillé dix-sept (17) années à la NASA (National Aeronautics and Space Administration) aux USA, où il participa avec brio en juillet 1998 à l'opération à succès « Mars Pathfinder » pour la conquête de la planète Mars, ces références ne sont pas, malheureusement, aussi vulgarisées que celles des scientifiques des pays occidentaux. Le gouvernement américain, au terme de ce succès aérospatial, a même proposé à monsieur Diarra l'immense mission de repenser les programmes de mathématiques dans tous les États-Unis, ce qui est une fierté africaine.

Et tant d'autres Africains, surtout des jeunes, excellent aujourd'hui dans les domaines de l'informatique, de l'énergie solaire, des TIC, etc., sans que leurs œuvres ne soient présentées sur les programmes de formation, ne serait-ce que pour susciter l'émulation.

Cette méconnaissance des travaux de ces illustres fils du continent ne favorise pas un esprit de compétition afin de stimuler davantage la créativité du génie africain et par voie de conséquence, ne suscite malheureusement que de la médiocrité ou un nivellement vers le bas chez nos jeunes apprenants, alors que l'Afrique regorge de jeunes talents qui évoluent ailleurs, faute d'encadrement et de considération. Ces cracks africains sont chouchoutés sous d'autres cieux, et leurs pays d'origine continuent de se plaindre de la fuite des cerveaux.

L'Afrique doit avoir une politique de formation et d'incubation de ces surdoués, sur le plan continental, conduite par l'Union africaine, pour donner à ses jeunes la possibilité de faire éclore leur talent ici en Afrique.

II. Le manque d'intérêt des étudiants pour les questions panafricaines

L'éveil de la conscience des jeunes Africains, plus particulièrement celle des étudiants, sur les grandes problématiques africaines, n'est qu'à son balbutiement. Le sursaut que devrait prendre le panafricanisme dans leur vécu quotidien est à la limite étouffé par l'angoisse de la recherche d'un emploi décent et stable une fois le diplôme obtenu.

Malheureusement, s'ils avaient su que cette angoisse peut être dissipée par les solutions panafricaines de création d'emplois, ne serait-ce que par la mobilité professionnelle, puisque certains pays ont un réel besoin en main-d'œuvre qualifiée - c'est le cas de la Guinée équatoriale, du Gabon, et plus particulièrement du Rwanda, où le Président Paul Kagamé en a fait officiellement la demande.

Cependant, la plupart des étudiants dans presque tous les pays africains ne nourrissent pas un grand intérêt pour les questions de dimension africaine, comme la fin du néocolonialisme avec l'influence de certains pays européens sur leur ancienne colonie, le développement de l'Afrique et la fin des conflits.

Par contre, ils sont dans leur grande majorité engagés dans des mouvances politiques sans la moindre conviction idéologique et même parfois dans des regroupements identitaires qui n'honorent guère leur statut de crème intellectuelle et de futurs dirigeants de nos États.

Les revendications estudiantines de mai 1968, qui avaient secoué presque toutes les universités du monde, même celles de l'Afrique, n'avaient pas épargné l'Université Cheikh Anta Diop de Dakar au Sénégal, avec la fameuse décision du Président Senghor de réduire les bourses des étudiants et la violation des franchises universitaires pour casser les velléités putschistes contre son pouvoir. Ces événements de mai 1968 ont d'ailleurs conduit à l'amélioration des conditions d'études et à une meilleure considération de la force que peut drainer une jeunesse en fureur.

Ce passage obligé dans le monde universitaire est une étape ultime de la préparation dans notre citoyenneté, pour acquérir un esprit de discernement, un esprit critique qui parachève le passage à l'âge adulte, que les étudiants franchissent dès leur entrée à l'université – entre 20 et 21 ans en moyenne après les 13 années cumulées pour les trois cycles : Primaire – Moyen – Secondaire, ajoutées à l'âge réglementaire de 7 ans pour que tout enfant soit autorisé à s'inscrire à l'école.

Nos jeunes frères étudiants doivent avoir conscience de tout le poids qui repose sur leurs épaules pour assurer la relève, quand demain viendra leur tour. Heureux seraient leurs peuples s'ils avaient bien pris en compte ce sacerdoce qui est de perpétuer le legs des anciens qui ont œuvré sans relâche pour le développement de nos pays et donc de l'Afrique.

Cependant, si la construction d'une Afrique développée et prospère reste encore à l'état de projet, c'est parce que le plan architectural et les matériaux font toujours défaut. Pour le plan architectural, qui renvoie au modèle de développement, il est jusqu'ici bâti sur l'individualité, autrement dit, chaque État s'occupe de sa portion de terre délimitée par les colons depuis le partage des terres du continent.

Chers étudiants, ce modèle de développement imposé, à la limite dicté à nos États, a montré ses limites et continue de réduire à néant tous les efforts consentis par ces derniers pour sortir leurs peuples de la pauvreté sans cesse croissante, du chômage chronique des jeunes, de la rareté, voire de l'inexistence d'infrastructures de santé et d'établissements scolaires, surtout dans les contrées éloignées des grands centres.

S'agissant des matériaux, il est de notoriété publique que la plupart des pays africains souffrent d'un manque criant de moyens pour assurer à eux seuls leur développement. Comment des États comme la Gambie ou la Guinée-Bissau peuvent-ils se développer avec un territoire lilliputien, une agriculture peu mécanisée et une quasi-absence d'industries capables d'offrir un emploi décent à la population active ? Par conséquent, ils sont contraints de former des fédérations entre États partageant les mêmes valeurs et héritages culturels et les mêmes régions naturelles, pour ainsi constituer des grands ensembles[7] ; ce qui est illusoire à l'heure actuelle où ces États tiennent à tout prix à leur souveraineté.

Reste donc leur engagement dans une union continentale solidaire autre que celle actuelle faite de conglomérats ou de syndicats de chefs d'État, mais plutôt une union qui va leur permettre de mutualiser leurs forces afin de mettre en place des programmes sérieux et ambitieux pour leur développement.

Alors, changer de modèle devient un impératif ; a contrario de l'approche par individualité, le développement de nos pauvres États ne se fera que par la mutualisation de nos moyens à travers l'union et la solidarité. Un modèle d'ailleurs proposé depuis par les pères fondateurs du panafricanisme, Kwamé et Cheikh Anta, entre autres.

III. Le défaut d'engagement des universitaires africains

De tout temps, les grandes révolutions naissaient dans le monde universitaire. Et le panafricanisme n'a pas dérogé à cette règle, né des revendications d'une identité culturelle noire prônées par William Dubois, en tant

---

[7] General de Gaulle : « L'heure est aux grands ensembles ».

qu'étudiant à l'Université de Harvard, pour défendre l'abolition de l'esclavage que subissaient ses propres frères et sœurs. Ce combat sera tour à tour porté par les étudiants africains inscrits dans les universités françaises, belges, anglaises et même soviétiques, pour fustiger la colonisation et engager la lutte pour l'indépendance de toutes les colonies. Beaucoup parmi eux deviendront les premiers présidents de nos États nouvellement indépendants.

Cependant, le legs laissé par ces aînés ne semble pas trop intéresser les contemporains, ou du moins, la ferveur et la détermination qu'attachaient les anciens à cette idéologie étaient de loin plus intenses qu'à l'heure actuelle.

Ce manque d'intérêt pour les questions africano-africaines ou tout simplement panafricaines, de la part de l'intelligentsia africaine, est à déplorer et même à décrier, puisque cette frange que sont les universitaires, par leur liberté d'opinion et par la doctrine, a la lourde responsabilité de conduire ou d'influencer les grandes réformes auxquelles les peuples aspirent. Il est vrai que beaucoup d'entre eux s'investissent dans la politique ou dans les fora civils, ce qui est bien dans la mesure où ils auront une tribune pour faire part de leur vision sur les grands programmes de développement de nos gouvernants et par la même occasion, exprimer leurs inquiétudes et désapprobations contre les dérives autoritaires de ces mêmes régimes.

Ce travail de garde-fou peut être salutaire, si ces universitaires font face à des pouvoirs politiques qui ne respectent pas le minimum de démocratie et les libertés publiques et individuelles. Au cas contraire, si ces dérives s'exacerbent pour finalement devenir un système autocratique, seule une détermination révolutionnaire pourra venir à bout de tels systèmes politiques. C'est dire que le monde universitaire a toujours été acteur des grands changements.

Cependant, l'engagement panafricain qu'on attendait de nos universitaires actuels est galvaudé, voire troqué contre la promotion de soi, l'intérêt partisan, le profit personnel et tant d'autres maux qui empêchent maintenant ces intellectuels de penser africain, de vivre africain et même de sacrifier toutes leurs compétences pour une Afrique unie et forte, capable de rivaliser avec les autres continents.

Puisque ces autres continents ont avoué avec audace que l'Afrique, notre chère Afrique, reste la dernière terre de conquête de ce monde, alors vous, les universitaires, il vous revient la lourde responsabilité de sonner bruyamment le réveil pour nous autres Africains, avant que nous ne subissions une deuxième colonisation, cette fois-ci économique en plus de celle politico-administrative déjà vécue et qui continue d'étaler ses fâcheuses conséquences.

VI. L'absence d'une prise de conscience chez les jeunes quant à l'importance de l'Afrique dans la géopolitique mondiale

À l'heure actuelle, beaucoup de jeunes Africains ne portent quasiment pas d'intérêt au panafricanisme, à part les mouvements citoyens des jeunes artistes rappeurs pour la plupart, qui se sont constitués en réseaux dans plusieurs pays pour dénoncer les dérives autoritaires des pouvoirs politiques et s'ériger en sentinelles pour le respect des Constitutions de leurs États respectifs.

Hormis ce nouveau phénomène d'activistes pacifiques, l'essentiel de la jeunesse africaine ne prend même pas le temps de connaître le sens du panafricanisme, encore moins de mesurer pleinement les enjeux cruciaux qui le motivent, à savoir : l'union des nations et de tous les peuples d'Afrique pour l'éradication des maladies médiévales (paludisme, lèpre, poliomyélite...) et de la pauvreté, pour un développement social, et enfin pour l'élaboration de nos propres modèles de développement sans pour autant subir le diktat des institutions internationales des agences de développement et celui des partenaires techniques et financiers.

Ce sont ces véritables problématiques que le continent doit impérativement résoudre afin de reprendre sa place dans le concert des nations, et sur lesquelles les jeunes doivent être conscientisés. En effet, l'Afrique a beaucoup apporté à l'humanité et il est maintenant temps de montrer et de démontrer à ce cynique ancien Président français venu à Dakar en juillet 2007 pour nous insulter, nous autres Africains, de n'avoir pas su entrer dans l'histoire, alors que ses propres ancêtres savent pertinemment que c'est l'Afrique qui a créé l'Histoire depuis le royaume des Pharaons en Égypte, avant que les idéaux occidentaux mercantilistes, capitalistes, libéraux, que sais-je encore, ne viennent perturber la marche du monde.

Ce manque d'intérêt pour le panafricanisme chez les jeunes est entretenu par le chômage sans cesse grandissant qui devient la principale cause de stress et d'anxiété surtout chez les diplômés. La recherche désespérée d'un emploi, voire d'un stage, ne serait-ce que pour enrichir leur curriculum vitae, comme ils le disent souvent de manière poignante, tend à devenir leur occupation quotidienne. Concernant les moins diplômés, on le sait tous, ils sont plus tentés par l'immigration clandestine, pensant que l'Occident est resté cet eldorado qu'il était. Les émigrés qui sont là-bas savent qu'actuellement même les petits boulots s'arrachent avec une rémunération qui à peine assure le minimum vital.

Pendant ce temps, les nombreuses distractions qui s'offrent dans les domaines sportifs et culturels – le foot, la lutte, la musique, les danses et les séries télévisées – restent des moyens efficaces de la part de nos gouvernants pour inhiber, voire neutraliser, les velléités de frustrations de ces jeunes.

Alors, jeunesse panafricaine, réveille-toi !

À ce que je sache, les moments de distraction étaient réservés aux week-ends après une semaine de travail éprouvante, aux grandes vacances scolaires et/ou universitaires suite à une année totalement consacrée aux études, comme il est de cours dans les pays développés et les pays qui ont donné au travail une valeur de religion (les géants asiatiques). Force est de constater que dans nos chers États, même les jours de semaine sont consacrés aux événements culturels et sportifs, pour davantage occuper la jeunesse désœuvrée, afin d'éviter qu'elle ne verse dans la violence et la délinquance.

Avec l'explosion démographique attendue d'ici 2050 et qui va particulièrement toucher la tranche d'âge juvénile, ces distractions et autres divertissements ne pourront plus contenir la furie de cette jeunesse abandonnée à elle-même. Selon les prévisions de la Banque mondiale[8], la population mondiale va continuer de croître jusqu'à avoisiner les 10 milliards d'habitants en 2050. Et cette augmentation de la population sera nettement plus marquée en Afrique subsaharienne que dans le reste du monde, elle sera même doublée d'ici 2050 ; le nombre d'habitants va ainsi atteindre les 2,5 milliards de personnes, soit dix fois plus qu'en 1960.

Le ratio de la population du continent africain sur celle mondiale va ainsi considérablement croître, pour atteindre 23 % en 2050, contre 7 % seulement en 1960 et 14 % en 2018. Alors, ceci voudra tout simplement dire que près d'un habitant sur quatre dans

[8] Étude d'Emi Suzuki, démographe du groupe de la Banque mondiale, publiée en juillet 2019.

le monde vivra en Afrique subsaharienne en 2050, alors que cette proportion était de 1 habitant sur 13 en 1960.

Vu cette croissance démographique assez rapide, la dimension « population » devrait être pleinement prise en compte dans tous les programmes de lutte contre le chômage et même de développement, que ça soit au niveau national, régional avec les communautés économiques régionales, mais aussi continental avec un réel programme – *jeunesse et emploi* – décliné en des stratégies claires d'incitation des États à la création d'emplois.

Un tel programme devrait se réserver un portefeuille exclusivement dédié aux questions d'éducation, de formation et d'emploi, au sein de la Commission de l'Union africaine, pour plus de suivi, au même titre que les huit autres portefeuilles classiques gérés pour chacun par un commissaire :

— Commissaire à la paix et à la sécurité ;
— Commissaire aux affaires politiques ;
— Commissaire aux infrastructures et à l'énergie ;
— Commissaire aux affaires sociales ;
— Commissaire au commerce et à l'industrie ;
— Commissaire à l'économie rurale et à l'agriculture ;
— Commissaire aux ressources humaines, aux sciences et à la technologie ;
— Commissaire aux affaires économiques.

Ainsi, ce nouveau commissaire devra participer à l'élaboration de toutes les politiques africaines de développement et aux plans annuels de travail de l'Union.

Il est vrai que le Fonds des Nations Unies pour la Population (FNUAP) a engagé un grand sentier de promotion du dividende démographique au niveau de plusieurs pays subsahariens, au regard de tous les avantages qu'un tel concept procure aux gouvernants concernés pour une meilleure redistribution des revenus nationaux, par l'amélioration de la prise en charge sanitaire avec une meilleure couverture de la carte sanitaire, par le relèvement du taux brut de scolarisation même en milieu rural et par un accès plus large aux services sociaux de base (eau, électricité et assainissement), entre autres. Cependant, il faut se rendre à l'évidence, le programme de dividende démographique qui passe par l'espacement, voire la réduction des naissances, se heurte aux considérations religieuses et culturelles que les populations de ces régions portent sur la natalité.

Depuis toujours, la fécondité a été considérée comme source de prospérité en Afrique, surtout en zone rurale, puisque plus la famille est élargie, plus les travaux champêtres qui restent encore rudimentaires, voire médiévaux, avec l'utilisation de la houe, de la daba et de la traction équine pour la semence, deviennent allégés par le simple fait de l'effet multiplicateur des fils du père cultivateur. Cette considération est vivace même en milieu urbain, où le père de famille qui est tout aussi polygame comme son cousin du village, malgré les conditions de vie encore plus dures dans les grands centres, accentuées par la promiscuité, fonde son espoir de voir ses enfants une fois adolescents trouver de petits boulots et ainsi assurer la relève de la dépense quotidienne.

Cette réalité est confirmée par les taux de natalité les plus élevés au monde, notés dans cesdites zones géographiques. C'est dire que le dividende démographique a des lendemains peu prometteurs en Afrique au sud du Sahara. En effet, toujours d'après l'étude de la Banque mondiale, la fécondité moyenne en Afrique subsaharienne s'établit actuellement à 4,8 enfants par femme, contre 3 enfants par femme à l'échelle mondiale, et elle devrait rester considérablement supérieure aux taux enregistrés ailleurs dans le monde dans les décennies à venir.

Par conséquent, il est urgent plus que jamais d'envisager des mesures plus appropriées et adaptées aux réalités de ces régions concernées, qui commencent d'ailleurs à sentir les effets de l'accroissement de leur démographie par un manque d'eau potable et un déficit en électricité jusque dans les zones urbaines qui continuent d'accueillir la pauvreté dont est victime le monde rural. L'absence d'opportunités de trouver un emploi dans les régions autres que celles des capitales et la concentration des meilleurs services de santé dans les grands centres urbains de la plupart de ces pays constituent les causes majeures de la forte densité démographique dans les zones urbaines.

Alors, pour pallier cette démographie galopante et difficilement maîtrisable, il est important de revoir la méthode de gouvernance locale par une déconcentration opérante, en érigeant des réelles zones économiques dans les autres régions de l'intérieur, pour ainsi insuffler le développement de nouvelles capitales économiques et endiguer l'exode rural vers les milieux urbains, à l'image de beaucoup de pays de l'Afrique du Nord.

Il faut aussi rappeler que le développement ne peut pas se faire sans la jeunesse, une jeunesse prête à relever tous les défis, une jeunesse qui en veut, comme on dit.

Il leur revient alors de prendre conscience des enjeux d'une Afrique unie et forte, seule capable de leur offrir plus d'opportunités et de choix dans leur vie professionnelle, par une grande mobilité au sein de tous les États membres, organisée sous forme d'échanges de savoir-faire par la mise à disposition d'ingénieurs, de docteurs, de professeurs auprès des pays frères qui en feront la demande.

L'affectation sur demande de l'État gabonais de professeurs sénégalais en mathématiques et en physique, dans ses écoles et lycées doit pallier le déficit en ces corps professoraux pour permettre à ses apprenants d'avoir un bon niveau dans les matières scientifiques en est un bel exemple.

Enfin, le combat pour le retour de l'Afrique sur l'échiquier international doit être porté par la jeunesse, mais par une jeunesse consciente, comme le dit très souvent cet animateur à la Radio France internationale, Claudy Siar, fervent panafricaniste qui ne cesse de porter la voix de l'Afrique à travers ses émissions.

En effet, pour relever un défi, il faut d'abord en connaître les enjeux ; ce sont ces derniers qui vont vous servir de viatiques pour ne jamais abandonner et pouvoir aller jusqu'au but ultime. C'est à cet exercice-là que j'invite les jeunes, pour revisiter et adopter les valeurs panafricaines tant soutenues par les anciens, juste pour vous faire et nous faire comprendre à tous que l'Afrique a de quoi se développer par elle seule, tant du point de vue de ses ressources naturelles dont la Nature lui a fait grâce, que sur le plan humain, avec des intellectuels émérites qui ont été dans les meilleures universités du monde. La seule voie indiquée pour nous départir de l'aide au développement qui n'en est pas vraiment une. D'ailleurs, une aide, elle est souvent consentie pour des nécessiteux en situation d'urgence ou de catastrophe et rien de tout cela ne frappe nos États bâtis pour certains sur de l'or ou du diamant et pour d'autres sur du pétrole ou du gaz.

Nos dirigeants doivent savoir donc qu'une aide n'a jamais fait développer un pays, d'autant plus que nous en bénéficions depuis les premières heures de notre accession à nos indépendances ; jusqu'à nos jours, on cherche toujours désespérément la voie, cette voie du salut qui pourrait nous mener à notre développement.

Aujourd'hui, nos pays, à force de poursuivre un idéal de développement sans grand succès pour beaucoup, aspirent désormais à une émergence encore plus hypothétique.

Il faut savoir tirer les leçons du passé.

Chapitre III

Un panafricanisme par le régionalisme

I. Impulser et favoriser l'intégration régionale au niveau de chaque CER

La division des peuples d'Afrique par les colonisateurs est restée toujours vivace par les langues étrangères qu'ils nous ont laissées (le français, l'anglais, le portugais, etc.) et qui sont consacrées comme officielles dans nos États après l'accession à l'indépendance. Cette division s'est également marquée par les frontières que ces Occidentaux avaient tracées lors du partage des domaines occupés, à la Conférence de Berlin en novembre 1884, sans se soucier de l'existence depuis fort longtemps de grands ensembles comme les empires du

Ghana (du 3e siècle après J.-C. jusqu'en 1240) et celui du Mali qui lui succéda (de 1240 à 1464). Ce saucissonnage n'a pas épargné les peuples jadis bien organisés comme les **Touareg**, disséminés entre les États du Mali, du Niger, de la Mauritanie et du Burkina Faso. Les **Peulhs fulanii** de l'Ouest et leurs cousins **Massaï** de l'Est, qui ont d'ailleurs subi la même désorganisation, se retrouvent maintenant dans les États de la Somalie, de l'Érythrée et de l'Éthiopie.

Plus illustratif encore, nos cousins et frères gambiens avec qui nous partageons les mêmes langues maternelles que sont le wolof, le dioula, le soceh, entre autres, et les mêmes ancêtres partis de la Casamance au sud du Sénégal et du Saloum au centre, pour venir peupler la Gambie actuelle. D'ailleurs, un autre ouvrage est en préparation sur l'identité, culture commune de certains groupes ethniques africains, afin de mettre en relief l'unité culturelle de ces communautés.

D'autres exemples de dislocation de peuples africains qui vivaient jadis en communauté bien avant l'invasion occidentale ont été marqués à jamais par cette délimitation illégitime de nos frontières actuelles, faite sur l'autel d'un déni total de l'existence d'une histoire de l'Afrique.

Les vestiges préhistoriques des villes comme Tombouctou, la richesse légendaire des hommes comme l'empereur Kankan Moussa et la bravoure de certains peuples guerriers rapportés par la tradition orale, continuent de démentir ces envahisseurs et confirment royalement que tout peuple a sa propre histoire.

Ce rappel des origines de notre division, la division des peuples d'Afrique qui persiste à ce jour, nous permet de mieux mesurer l'entreprise pharaonique de notre Union, tant les conséquences sont profondes. Par conséquent, il me semble très important, pour réaliser cette œuvre, du reste salutaire pour nous autres Africains, de parvenir d'abord à panser les plaies laissées par cette scission, au niveau de chaque peuple et de chaque région d'Afrique. En d'autres termes, que les **Peulhs** de l'Ouest puissent s'unir à travers un groupe de territoire qui leur permettra de renouer les liens fraternels avec leurs frères ayant d'autres nationalités, que les **Mossi** du Centre se retrouvent entre frères, que les **Zulu** du Sud n'aient plus à demander un visa pour aller travailler en Afrique du Sud et que tous ces peuples aient désormais la possibilité de rencontrer leurs cousins dans les autres États voisins, afin de recréer cette symbiose d'antan au niveau régional. Cela, à coup sûr, facilitera l'effort de réunification des peuples d'Afrique !

Ainsi, le panafricanisme par un régionalisme fédérateur serait, de mon point de vue, la voie la mieux indiquée pour parvenir à une Union africaine concrète, solide et forte, ceci pour plusieurs raisons.

La première : il est clair que les niveaux de développement des pays africains ne sont pas les mêmes ; alors pour plus de convergence économique et politique, il faut qu'au niveau régional, la seule Communauté économique régionale reconnue par l'Union africaine définisse des critères de convergence économiques, sociaux, mais aussi politiques, que tous les États membres de ladite communauté doivent s'efforcer de respecter. Et la Commission de l'Union devra intervenir au sein de chaque CER par le biais de programmes continentaux d'appui au développement pour assister les États qui pêcheraient sur certains critères, aux fins de juguler leurs manquements.

La seconde : pour un Africain, il suffit de voyager dans un autre pays un peu éloigné de sa région pour comprendre que nous autres Africains ne nous connaissons pas vraiment. Par expérience personnelle, lors d'une escale en Éthiopie de retour d'un séminaire en Chine, l'une des participantes, une Centrafricaine qui avait fait un malaise en plein vol, s'est vue obligée de se faire consulter dans un hôpital à Addis Abeba, et je me suis porté volontaire pour l'accompagner puisqu'on s'était familiarisé durant le séjour. Arrivés au centre hospitalier, les agents du service d'accueil m'ont demandé de décliner ma nationalité et celle de la dame. Pour ma part, il a fallu leur faire une petite leçon de géographie sur les quatre points cardinaux avant de leur dire que le Sénégal est un pays qui se situe à l'autre extrémité Ouest du continent africain, comparé à leur pays qui se trouve plus vers l'est.

Juste pour mesurer le degré profond de l'ignorance entre Africains, causé principalement par la cherté des services de transport, surtout aérien. À titre d'exemple, le billet d'avion aller et retour de Dakar à Casablanca est en moyenne à 350 000 FCFA (535 euros) et paradoxalement, le billet d'avion aller et retour de Dakar à une autre ville européenne de l'autre rive de la Méditerranée, où vous serez obligé de traverser toutes les villes du nord de l'Afrique, est en moyenne à

315 000 FCFA (480 euros). Avec de telles contraintes dans la mobilité intra-africaine des personnes, comment pouvons-nous parvenir à une union concrète, sauf peut-être une association des chefs d'État, à la limite même un conglomérat de dirigeants africains ?

Une union se fait par les dirigeants, mais se vit par les peuples et malheureusement, avec cette cherté du système de transport, ces derniers n'ont pas vraiment les moyens de vivre un commun vouloir de vie commune. À mon humble avis, la solution est de créer des communautés économico-politiques fortes et solidaires au niveau des cinq régions d'Afrique, et à charge pour l'Union africaine de mettre en place des systèmes de transport abordables et accessibles comme des liaisons maritimes et la rénovation ou la création de corridors ferroviaires transfrontaliers. Il est prouvé que ces deux systèmes de transport restent les moins chers partout dans le monde.

Concernant le transport aérien, on se souvient tous de la gestion gabégique et non transparente qui a eu raison de la défunte compagnie Air Afrique ; entre-temps, des compagnies nationales se sont imposées pour la suppléer sur ce secteur. L'idée de faire renaître une autre compagnie de dimension continentale qui viendrait concurrencer celles nationales dont l'envol reste toujours difficile n'est pas des meilleures.

La troisième : la persistance des conflits armés dans certains États comme le Soudan du Sud, la Somalie, avec les islamistes sébab, l'éclatement du pouvoir politique en Libye entre les hommes du maréchal Haftar et ceux de Faïez Sarraj, depuis l'assassinat de Kadhafi, les tensions religieuses latentes entre Anti-balaka et Ex-Séléka en Centrafrique, tous ces conflits internes constituent des obstacles, pour les autorités de l'Union, pour parvenir à une adhésion totale et parfaite de ces États concernés. En effet, ces derniers sont beaucoup plus préoccupés de trouver une solution définitive à leur crise interne que de respecter leurs engagements continentaux.

Par voie de conséquence, le modèle jusqu'ici proposé et prôné par l'Union africaine et hérité des cendres de l'Organisation pour l'Unité Africaine (OUA), pour mettre en exergue la dimension d'intégration en lieu et place d'une association des États de l'Afrique, bute sur ses limites. L'Union étant dépourvue de ressources propres pour se doter d'assez de moyens matériels et financiers lui permettant de bien couvrir tout le continent, elle ne peut alors guère fixer des critères de convergence applicables à tous les États membres, qu'il lui serait incapable de contrôler.

Également, la volonté politique de certains États, ou du moins de leurs dirigeants, à adhérer à la vision panafricaine de l'Union fait défaut. Pour preuve, le drapeau de l'Union africaine, en fond vert avec l'effigie de la carte du continent brillant de rayons qui pointent sur des étoiles dorées symbolisant l'union des États, devrait obligatoirement flotter à côté de tous nos drapeaux nationaux, comme le respectent certains chefs d'État.

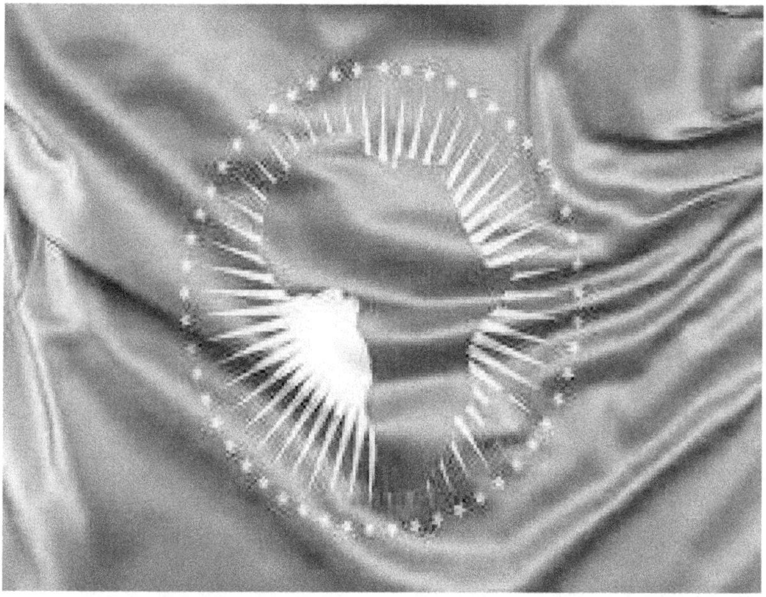

Ainsi, avec toutes ces contraintes d'ordre organisationnel, économique, politique et même culturel, un modèle d'intégration par le principe de subsidiarité serait le mieux indiqué. Autrement dit, l'Union africaine devrait décliner sa politique d'intégration panafricaine à travers les CER, qu'elle aura préalablement et définitivement reconnue au niveau des cinq régions géographiques ; charge maintenant à ces communautés économiques régionales de faire adhérer leurs États membres à la politique commune continentale.

Et pour faciliter la mise en œuvre d'une telle vision qui sera adoptée de manière consensuelle par tous les États africains, l'Union africaine devra engager de vastes chantiers avec d'ambitieux programmes de développement socio-économique, par un système de financement innovant lui permettant de lever des fonds sur les marchés financiers régionaux.

Ces programmes auront trait à l'éducation obligatoire des enfants par la construction d'écoles en zones reculées, mais aussi au relèvement des plateaux médicaux surtout en milieu rural, au renforcement des axes et corridors interÉtats pour la facilitation du commerce et la mobilité intra-africaine des populations.

Ce modèle d'intégration panafricaine par paliers, déroulé en première phase au niveau régional par les CER et appuyé par des programmes de développement continentaux de l'Union, est le mieux à même de rencontrer l'adhésion et l'appropriation de tous les peuples.

II. La rationalisation des CER (adhésion à une seule CER pour chaque État)

Le chevauchement des CER dans certaines régions géographiques du continent ne se justifie aucunement, ni économiquement ni politiquement, dans la mesure où elles sont toutes censées apporter le même service, qui est de favoriser l'intégration économique entre États membres.

Alors, qu'est-ce qui peut bien motiver l'adhésion d'un même État à deux ou plusieurs CER ?

Pour la région ouest-africaine, la superposition de la CEDEAO (Communauté Économique des États de l'Afrique de l'Ouest) aux huit (8) pays membres de l'UEMOA (Union Économique et Monétaire Ouest-Africaine) est essentiellement due à l'appartenance, pour ces derniers, à un legs colonial qui est le franc CFA, qui les a regroupés autour d'une union monétaire (UMOA : Union Monétaire Ouest-Africaine) qui va migrer en union économique (UEMOA) en 1994, au lendemain de la fameuse dévaluation de cette monnaie.

Cette union naturelle et historique devrait laisser place à la communauté de droit qui est du reste beaucoup plus élargie. Il est vrai que l'UEMOA a atteint un degré d'intégration sans nul autre pareil en Afrique, avec des acquis économiques, politiques et institutionnels irréversibles. Cependant, ces acquis ne devraient pas constituer de blocages à une migration pleine et entière vers la CEDEAO, d'autant plus que la Commission de la CEDEAO a adopté presque tout le corpus juridique de l'UEMOA et l'a adapté à sa réglementation communautaire – ce qui peut fortement atténuer, pour les pays de l'UEMOA, les chocs éventuels et les bouleversements qu'aurait créés cette migration.

Charge pour les dirigeants des pays de l'UEMOA de pousser encore plus leur volonté d'intégration en facilitant le processus de fusion/absorption de la réglementation juridique et des institutions avec le personnel déjà expérimenté de l'UEMOA, dans celles de la CEDEAO. Ce qui permettra d'éviter et les redondances juridiques et les difficultés pour certains États à honorer les versements de leurs redevances d'intégration auprès de deux institutions supranationales.

Ainsi, l'Union africaine, en reconnaissant certaines CER au nombre de huit, à savoir : l'Union du Maghreb arabe (UMA), le Marché commun de l'Afrique orientale et australe (COMESA), la Communauté des États Sahélo-Sahariens (CEN–SAD), la Communauté d'Afrique de l'Est (CAE) , la Communauté Économique des États de l'Afrique Centrale (CEEAC), la Communauté Économique des États de l'Afrique de l'Ouest (CEDEAO), l'Autorité Intergouvernementale sur le Développement (IGAD), et la Communauté de Développement de l'Afrique Australe (SADC), devrait par la même occasion inviter les États à faire leur choix parmi celles qui sont géographiquement les plus proches et oser signer l'arrêt de mort de celles qui seront jugées superflues.

Avec un tel système d'intégration étagé à deux niveaux, dans un premier palier, on aura la communauté régionale qui sera privilégiée, pour impulser la cohésion et la volonté des États de s'unir et de se regrouper ensemble dans un groupe de destin commun, puis en second palier viendra l'Union africaine qui pourra intervenir pour appuyer économiquement chaque communauté et susciter l'émulation entre elles et même, au-delà, initier des accords commerciaux entre CER jusqu'à parvenir à une Union économique complète du continent.

III. Un système de financement innovant de l'Union et des CER

Avec l'absence de programmes réalistes et réalisables dans ses missions et la construction de son siège par don de la République de Chine, l'Union africaine a montré et démontré son incapacité à se prendre elle-même en charge, a fortiori les maux dont souffre réellement le continent.

À part les rencontres entre chefs d'État et de gouvernement et les séminaires organisés pour la promotion du fameux Agenda 2063, l'Union africaine bute sur ses limites en ressources financières pour proposer ne serait-ce qu'un quelconque modèle budgétaire pour son fonctionnement normal. Une institution de dimension continentale doit avoir les moyens de ses ambitions panafricaines pour couvrir tous les secteurs de la vie, plus particulièrement les services sociaux de base : santé, éducation, eau potable, assainissement, dont la plupart des populations des pays africains souffrent cruellement.

L'épidémie du coronavirus qui s'est déclarée au premier trimestre de l'année 2020 et qui est finalement devenue une pandémie du nom de covid-19 a entraîné une crise sanitaire et économique mondiale et rendu aphone la Commission de l'Union, en la dépouillant de tout moyen d'intervention ou de résilience. Les autorités continentales n'ont pas su proposer des mesures de soutien à certains pays africains plus durement affectées que les autres, pour faire face à l'ampleur de la crise, alors qu'au même moment, les autorités de l'Union européenne, par exemple, discutaient sur un modèle d'intervention qu'il fallait opérer – entre des prêts à des taux concessionnels ou des subventions – pour les États en réelle difficulté économique.

Ainsi donc en Afrique, les États étaient obligés d'édicter et de financer individuellement leurs propres plans de résilience et de relance de leur économie, à coût de centaines de milliards de francs, en faisant appel à des dons dans un élan patriotique auprès des entreprises et des bonnes volontés, mais aussi en levant des fonds sur les marchés financiers, afin de mettre en place des stratégies de reprise des activités économiques.

Cette crise de la covid-19 aura révélé toutes les vulnérabilités tant financières qu'organisationnelles de l'institution panafricaine, au point de mettre au goût du jour la lancinante problématique de son financement.

La question du financement de la Commission de l'Union se pose donc avec acuité, si l'on veut vraiment que cet organe continental puisse être le mieux à même de répondre aux préoccupations et attentes des peuples africains.

Le système de cotisation ou de participation au budget de la Commission de l'Union reste inopérant du seul fait que certains pays ont une réelle tension de trésorerie, à telle enseigne qu'ils pensent plus à comment faire pour payer les salaires de leurs fonctionnaires et à assurer au moins les dépenses de fonctionnement de leurs institutions nationales. Par conséquent, l'urgence ou la nécessité de s'acquitter de leurs engagements auprès des autorités de l'Union est reléguée ultérieurement.

Le fait d'avoir calqué le même modèle de financement de l'UA sur celui de l'Union européenne ou plus particulièrement celui des Nations unies peut être problématique d'autant plus que les cotisations des pays membres de cette institution mondiale sont assurées à hauteur de 25 % par les États-Unis d'Amérique et une autre partie très importante du budget par les quatre (4) autres pays membres permanents au Conseil de sécurité avec leur droit de veto, pour garder leur influence dans toutes les décisions internationales, et le reste est assuré par les économies développées.

Pour adopter un même système de financement, l'Union africaine devrait s'assurer d'un accord de principe et de bonne volonté de la part des premières puissances africaines que sont le Nigeria, l'Afrique du Sud, l'Égypte et l'Algérie, qui devront s'engager à prendre en charge au moins le quart du budget, surtout les rubriques Fonctionnement et Investissement de l'Union, pour pouvoir pallier les manquements de certains pays frappés par des crises politiques.

Cet engagement très hypothétique ne devrait pas être aléatoire et adossé au bon vouloir de ces chefs d'État. Cependant, la solution la plus viable pour régler le problème du financement pour le fonctionnement et l'exécution des programmes de développement de l'Union demeure, à mon humble avis, la taxation des importations hors continent des pays membres.

D'ailleurs en 2018, le binôme Paul Kagamé[9] et Moussa Faki[10] avait convaincu les États membres de soutenir la réforme institutionnelle de l'UA. Cette dernière, adoptée lors du 30e sommet, avait prévu notamment l'application d'une taxe de 0,2 % sur les importations provenant des autres continents.

Cependant, il est à noter que la plupart des CER et certaines communautés sous-régionales ont commencé à prélever une taxe Intégration sur les importations. Ainsi, pour éviter une double taxation des importations à plusieurs taux, un taux unique de **0,7** % sera proposé pour à la fois la Commission de l'Union et la CER de la région concernée, ce qui permettra d'éviter naturellement un renchérissement des prix au consommateur de certains produits, surtout ceux alimentaires de grande consommation qui sont les plus importés.

Le montant à recouvrer à travers cette taxation à un taux unique de 0,7 % sera ainsi partagé entre la CER reconnue et l'Union africaine, respectivement de 70 % et de 30 %. Ceci pour permettre à la fois aux autorités communautaires régionales de pouvoir mener à bien leurs stratégies d'intégration, et à la Commission de l'UA d'avoir plus que jamais son autonomie financière afin de ne plus dépendre de la perfusion financière des bailleurs de fonds comme l'Union européenne, l'Agence de

---

[9] Président de la République du Rwanda.

[10] Ancien ministre des Affaires étrangères du Tchad, nommé président de la Commission en 2017.

développement des États-Unis (USAID) et la Coopération chinoise. Ces derniers, pour maintenir leur influence sur les politiques africaines, jouent sur la carte de la dépendance financière de l'organisation continentale en s'engageant à tout prix à assurer par le biais de dons le fonctionnement léthargique de l'Union. C'est dire qu'ils vont s'opposer à toute initiative qui rendrait autonome notre organisation. Il sera alors impératif de se montrer plus que déterminés face à ces velléités qui concourent à saper notre Union.

Maintenant, pour corroborer ce mécanisme de financement par une faible et unique taxation à l'import, une simulation de la valeur totale des importations de l'ensemble des pays africains, faite sur l'année 2018, nous a donné un montant de **573 milliards 529 millions de dollars.** Si on applique le taux de 0,7 % sur cette valeur absolue du volume des importations africaines en provenance du reste du monde, on obtient un montant de **4 milliards 14 millions de dollars** à recouvrer pour à la fois la Commission de l'Union et l'ensemble des CER reconnues.

Ainsi, si l'on suit toujours la logique de la proposition que je viens de faire, à savoir, allouer les 30 % de ce montant à l'Union, donc rien que pour l'année 2018, l'institution panafricaine allait bénéficier d'un apport en fonds d'un montant de **1,20 milliard de dollars**, donc plus que son budget arrêté à **770 millions de dollars** pour l'exercice de 2018 et mieux que la proposition de Claver Gatete[11].

Maintenant, pour élargir son champ d'intervention au-delà de ses missions de maintien de la paix, la Commission de l'Union pourra s'autoriser à lever des fonds sur les marchés financiers régionaux en vendant des obligations qu'elle pourra rembourser régulièrement et correctement sur la base de cette taxe souvent appelée « redevance d'intégration ».

Une fois le problème du financement résolu, désormais, dans la préparation des budgets de l'Union, puisqu'on est en plein dans l'ère des budgets-programmes, il sera impératif de revoir l'Agenda 2063.

D'abord de le ramener dans un horizon réaliste, autour de 2030, pour que son évaluation puisse se faire par ses propres acteurs et non pas par leurs fils ou petits-fils, pour que les responsabilités soient situées et des rectifications ou améliorations soient apportées. Il est évident que même avec une moyenne d'âge qui est passée de 54 à 46 ans pour les fonctionnaires internationaux de la Commission de l'Union, ces derniers auront tous plus de 90 ans en 2063, dépassant très largement l'âge de la retraite et même l'espérance de vie de la plupart des populations africaines.

Alors, pour adapter les budgets aux aspirations réelles des peuples africains, il faudra insister dans leur élaboration sur des programmes de développement d'envergure continentale comme la santé, l'éducation, les

[11] Ministre rwandais des Finances.

énergies renouvelables, l'accès à une eau potable et la mobilité des personnes et des biens, qui constituent sans conteste des besoins réels du continent africain.

La réduction des dépenses de fonctionnement, surtout celles gabégiques, pour une institution qui a des pieds d'argile, sera un sacrifice nécessaire que les agents de la Commission de l'UA devront consentir pour mieux répondre aux nombreuses attentes des peuples d'Afrique. En tout cas, sous le magistère de Faki Mahamat, cet esprit panafricain de l'humilité commence à s'ériger en priorité dans les dépenses de l'institution.

Un fait anecdotique qui devrait servir d'émulation à tout dirigeant : monsieur Faki, très humble dans ses nouveaux habits de président de la Commission de l'UA, n'avait rien trouvé d'autre comme besoin que de demander un simple tapis de prière, alors que ses prédécesseurs ont exigé avant toute installation la rénovation de la fameuse résidence « Africa House » qui leur sert de maison de fonction et même un jet privé pour les plus téméraires, pour leur déplacement.

Chapitre IV

La mobilité, une condition à la cohésion des peuples d'Afrique

I. Développer le transport intra-africain (ferroviaire et maritime)

Une bonne mobilité reste la règle d'or pour une économie en croissance. En effet, sur toutes les chaînes de valeur, de la production à la distribution en passant par les étapes de la transformation industrielle ou artisanale, le transport constitue le maillon fort qui conditionne la bonne marche de toute la chaîne.

Nous avons évoqué précédemment la nécessité pour l'Union africaine de prendre en main sérieusement la question de l'accessibilité des moyens de transport comme le **maritime** et le **ferroviaire**, étant donné qu'ils constituent les modes de transport de masse et de marchandises les plus abordables et rentables qui soient.

C'est ici seulement, en Afrique, que le transport ferroviaire est négligé, voire délaissé, au profit du routier qui demeure sans conteste le mode de déplacement le plus cher et le plus dangereux de tous. Avec l'état de nos routes mal entretenues, de nos véhicules dont la moyenne d'âge dépasse les dix ans et nos conducteurs routiers, ma foi, très indisciplinés sur les routes, les accidents de la circulation sont très souvent macabres avec des pertes en vies humaines et des blessés innombrables sur une même scène de collision, surtout à la veille des fêtes religieuses ou traditionnelles.

Il faut le dire, le seul legs colonial dont nous continuons de bénéficier du service reste les lignes de chemin de fer héritées des colons. Avec un défaut d'entretien, hélas, la plupart de ces lignes qui permettaient de relier certaines villes et même certaines capitales à des prix modiques sont devenues impraticables. En effet, la libéralisation des systèmes de transport, surtout le routier, a vu le développement rapide du transport urbain, interurbain et transnational avec les nombreux corridors interÉtats qui existent aujourd'hui. Le privé s'est immiscé dans ce secteur qualifié du point de vue juridique comme un service public, puisque la libre circulation des personnes et de leurs biens est consacrée dans beaucoup de Constitutions africaines comme un principe.

Cependant, ce même secteur privé très souvent animé par la recherche du profit est amené parfois à ne pas respecter la réglementation sur les transports, avec le recrutement de chauffeurs non formés et trop jeunes, de surcroît, et le non-respect des délais d'amortissement de leurs véhicules. Par voie de conséquence, les nombreux accidentés de la route répertoriés sont l'œuvre du comportement humain et du mauvais état des véhicules.

Cela dit, le retour au chemin de fer demeure une alternative à cette hécatombe. Il est vrai que les investissements pour sa rénovation comme pour sa construction sont très coûteux pour nos pauvres États, et une ligne de chemin de fer ne peut être rentable que sur une longue distance desservant plusieurs villes, alors qu'une route peut se faire en plusieurs étapes avec des investissements échelonnés. Donc, il revient à l'Union de porter ces grands projets qui auront une dimension panafricaine et un réel impact sur l'intégration des peuples d'Afrique.

L'Union doit désormais s'arroger le pouvoir de prendre en charge, sous le modèle de fonds de concours avec les États, qui vont bénéficier directement des impacts d'un projet, la réhabilitation des corridors ferroviaire comme celui de Dakar – Bamako – Niger et la construction de nouvelles lignes transnationales parcourant les États au niveau de la région des Grands Lacs et un peu plus vers les pays du Sud, autour de l'Afrique du Sud.

Un bon maillage des grands centres du continent, par le mode de transport ferroviaire, demeure un préalable à la concrétisation du principe de la libre circulation des personnes. Ainsi, les aspirations de l'Union dans son fameux agenda pour un développement du commerce intra-africain dans le cadre de la Zone de Libre-Échange Continentale africaine (ZLECaf) pourront être réalisées.

C'est une règle établie en commerce international que les échanges se font plus par les voies maritimes et ferroviaires et moins par les airs, du simple fait des volumes très importants échangés et de la grande capacité de ces modes de déplacement. Partout ailleurs, surtout dans les vastes pays comme la Chine, l'Inde, la Russie, qui ont la caractéristique de couvrir de très grands territoires, pour faciliter le déplacement de leur population, les États ont davantage investi sur les chemins de fer avec les lignes à grande vitesse pouvant relier en une seule journée ou demi-journée plusieurs villes et provinces distantes de plus de mille kilomètres.

Il est constant que nombre de nos États africains n'ont pas pour la plupart de grands territoires, sauf pour la RDC et le Soudan au centre, et quelques États du Nord comme l'Algérie et la Libye, et de l'Ouest comme la Mauritanie et le Mali. Ainsi donc, des lignes ferroviaires internationales pourront alors desservir plusieurs États.

Il revient alors à l'Union africaine, juste pour insister, de porter ces types de projets d'infrastructures africaines pour tisser davantage la cohésion et l'intégration des peuples d'Afrique.

Autre moyen de transport très négligé en Afrique : les liaisons maritimes entre villes côtières. Cela, à mon avis, s'explique par le fait que la géographie africaine est un vaste plateau compact qui regroupe pratiquement tous les pays en un seul bloc, à l'exception de la grande île de Madagascar et les îlots du Cap-Vert. Alors une telle géographie n'encourage pas le développement du transport maritime, contrairement aux autres continents éclatés en plusieurs grosses îles – les pays de l'Amérique centrale, ceux de l'Asie pacifique, et même ceux de l'Europe occidentale –, où les déplacements en ferry pour relier ces îles à leur partie continentale sont très utilisés.

Cette unité géographique évidente doit impliquer elle-même l'unité économique qu'affirmait Cheikh Anta Diop[12]. Si dame Nature a préféré nous regrouper dans un même bloc de terre, ce qui est d'ailleurs une prémonition de notre Union, elle nous a également donné l'avantage d'avoir deux façades maritimes sans discontinuité et des côtes navigables d'est en ouest et du nord au sud.

Donc, l'Union africaine devrait investir dans le développement des liaisons maritimes entre grandes villes côtières, avec la création d'une compagnie africaine de transport maritime dont le capital pourrait être ouvert au secteur privé continental.

Avec une flotte de paquebots et de ferry, des navettes pourront s'organiser sur la façade Atlantique, parcourant tout le littoral Ouest de Casablanca au Cap avec des escales sur toutes les villes côtières, et reprendre le même

---

[12] Les fondements économiques et culturels d'un État fédéral d'Afrique noire.

système sur la façade indienne du Cap jusqu'au Caire, pour ainsi établir une boucle en « 3 C » (Casablanca - Cap/Cap - Caire). Ce qui, à coup sûr, facilitera les mouvements des personnes et des biens à un tarif réduit, pour davantage développer le commerce intra-africain avec la future Zone de libre-échange continentale africaine (ZLECaf), dont les préalables demeurent un système de transport performant et abordable, mais aussi la réduction des contrôles à une simple présentation de la pièce d'identité ou du passeport.

L'intégration africaine ne devrait plus être une affaire de chefs d'État, mais plutôt une cohésion des peuples d'Afrique, vécue directement par les populations. Ceci ne peut se réaliser que si entre Africains, on arrête de manifester des comportements xénophobes vis-à-vis de nos cousins et frères du même continent.

La peur du chômage et de l'insécurité que pourrait apporter un étranger n'est plus une excuse valable, en ces temps de mondialisation, pour fermer hermétiquement nos frontières à nos voisins. L'exemple d'ouverture du Rwanda, ce pays qui a su renaître de ses cendres tel un Phoenix, est devenu opposable à tout État organisé. Meilleur réformateur sur le plan des investissements, mais également sur la bonne gouvernance, le Rwanda, qui était au bord de l'abîme total en 1994, après son génocide sanglant, est en train d'émerger tel un arbuste poussant fièrement dans une forêt ravagée par un incendie. D'aucuns seront tentés de dire que c'est parce que tout simplement, ce pays a perdu une partie importante de sa population lors de la crise qui l'avait secoué, voire ébranlé. Qu'à cela ne tienne ! Et pourtant, d'autres pays aux populations lilliputiennes et aux vastes territoires se barricadent, telles des forteresses au Moyen-Âge.

II. Limiter le contrôle sur la mobilité des personnes à leur simple nationalité

Le Protocole pour la libre circulation des personnes, le droit de résidence et le droit d'établissement[13] initié par l'Union africaine lors de la 30e session ordinaire de la Conférence des chefs d'État et de gouvernement en janvier 2018 est un préalable à l'érection de toute zone de libre-échange continentale, communément appelée ZLECaf. Heureusement que la Commission l'a compris, en évitant de mettre la charrue avant les bœufs.

Et c'est d'ailleurs un impératif que les opérateurs économiques puissent d'abord se mouvoir librement dans tous les États parties de ce marché commun, pour aller négocier avec de potentiels partenaires afin de pouvoir dénicher des opportunités d'affaires qui pourront déboucher sur des opérations d'importation ou d'exportation avec ces derniers.

Les premiers pays ayant signé ce protocole misent sur une extension de leur marché intérieur, en espérant avoir

---

[13] Sous le thème « vaincre la corruption : une option durable de transformation de l'Afrique », Addis Abeba.

de réelles opportunités d'investissements à saisir chez leurs voisins, mais s'ouvrent par là même à eux.

Le niveau d'industrialisation de certains pays africains est vivement appréciable, au point de pouvoir rivaliser sur le segment des industries légères comme l'agroalimentaire, les boissons, la construction, les outillages électriques, les ustensiles et commodités domestiques, etc., avec les filiales des entreprises occidentales présentes dans nos pays.

Le programme d'industrialisation de l'Afrique est devenu très important aux yeux des autorités de la Commission de l'Union, mais elles ne doivent pas perdre de vue que notre continent a accusé beaucoup de retard dans son élan d'industrialisation, au point de ne plus se rattraper dans le domaine des industries lourdes et à haute technologie comme l'automobile, l'aéronautique et l'informatique, entre autres.

Ce qui est tout de même invraisemblable, c'est le fait que le meilleur café du monde soit italien, et aussi que le meilleur chocolatier soit suisse, alors que ces deux produits tropicaux ne poussent pas dans ces pays tempérés. C'est là les premiers challenges que les pays africains doivent relever et ainsi rompre avec les « évidences imposées ». Une bonne partie du café ivoirien et du cacao ghanéen doit impérativement être transformée sur place, d'autant plus que cela ne nécessite pas un savoir-faire hautement qualifié. Pour y parvenir, il suffira tout simplement d'orienter vers ces secteurs un volume massif d'investissements en partenariat avec des groupes agroalimentaires africains, pour ainsi créer des labels de café et de chocolat de qualité et purement africains qui pourront concurrencer sérieusement les enseignes classiques européennes.

Cependant, les risques évoqués par certains États concernant une trop grande ouverture des frontières restent l'augmentation du chômage de la population active, surtout chez les jeunes, et une insécurité importée. En effet, avec des systèmes de contrôle à l'entrée très obsolètes et peu efficaces, ces risques avancés par ces pays peuvent s'avérer réels. Alors, pour pallier ces éventualités, l'Union devra aider les États qui ne disposent pas encore de système de contrôle biométrique à en avoir pour pouvoir connaître réellement le nombre d'étrangers sur leur sol, ce qui facilitera à ces pays l'organisation de leur marché de l'emploi comme partout ailleurs, en accordant la priorité aux nationaux et le pouvoir d'expulser les étrangers qui auront commis des infractions graves.

En Afrique, les chefs d'État qui manifestent une certaine frilosité à l'égard des migrants venant des pays voisins doivent aussi comprendre que l'accueil de ces derniers sur leur sol n'est pas toujours source de problèmes comme ceux évoqués tantôt : insécurité et chômage. Ces étrangers qui séjournent ne serait-ce que de manière transitoire à la recherche d'opportunités d'affaires ou tout simplement d'emploi, auront forcément à exprimer des besoins en logement, en restauration et en transport, au même titre que les touristes occidentaux qui bénéficient d'ailleurs d'une plus grande hospitalité du fait simplement de leur pouvoir d'achat et de consommation. Et souvent pour ironiser, il est dit qu'il est beaucoup plus facile pour un Européen ou un Américain de séjourner dans beaucoup de pays en Afrique qu'un Africain lui-même, du fait des contraintes liées à l'obligation de visa.

Selon Les Echos.fr[14], un Africain ne peut se passer totalement de visas (y compris électronique délivré souvent à l'aéroport) pour un court séjour que dans 13 pays du continent en moyenne, soit un quart des pays, alors qu'un touriste européen ou américain se voit ouvrir les frontières de presque tous les pays africains.

Il faut désormais qu'on arrête de croire que nos voisins sont la source de nos malheurs, soyons solidaires entre Africains. En tout cas, les rares pays qui l'ont compris sont devenus des destinations de choix à la fois pour les investisseurs étrangers et les institutions internationales ou communautaires ; c'est le cas de l'Éthiopie, du Maroc, du Sénégal, de la Côte d'Ivoire, entre autres, où on compte une forte concentration de diplomates étrangers et la présence de beaucoup d'agences onusiennes, du FMI et de la Banque mondiale.

« En réunissant les divers facteurs de production, les villes offrent la possibilité d'acquérir de nouveaux avantages économiques et de les transposer à plus grande échelle. » (Glaeser et Josh-Ghani)[15]

Les avantages d'une ouverture, le Rwanda les a compris en annonçant qu'il allait alléger, voire supprimer, l'obligation de visa d'entrée pour beaucoup de pays africains, et les résultats ont montré sur le plan

---

[14] Article fait par Yves Bourdillon et publié le 10 août 2017.

[15] The Urban Imperative: Toward Shared Prosperity (May 1, 2014). World Bank Policy

touristique une augmentation nette du nombre de fréquentations et pour ce qui est de l'économie, un grand intérêt pour les investisseurs étrangers, surtout chinois.

L'Union africaine devra donc impulser une coordination des polices africaines et une harmonisation des systèmes de contrôle biométrique pour qu'au niveau continental, le flux des personnes puisse être bien maîtrisé afin de mieux organiser et surveiller le séjour des étrangers et de lutter efficacement contre la criminalité transfrontalière. C'est à cela que la Commission doit s'atteler préalablement avant la mise en vigueur du protocole sur la libre circulation des personnes.

III. Encourager l'échange d'étudiants entre universités africaines

Le partage d'expériences et d'étudiants entre universités africaines doit être intégré dans les programmes d'enseignement supérieur de tous les États et la Commission de l'UA doit assurer la prise en charge afférente à son organisation et à sa pérennisation.

Le modèle européen avec le programme ERASMUS[16] peut servir de référentiel, vu sa réussite et l'adhésion suscitée chez les jeunes apprenants européens qui, à travers un tel programme, ont la possibilité de fréquenter

[16] **Erasmus** : European Action Scheme for the Mobility of University Students (Programme d'action européen pour la mobilité des étudiants universitaires)

d'autres universités en dehors de celles nationales et ainsi peuvent tisser des liens d'amitié et de fraternité avec leurs camarades des autres États. Ce qui renforce la cohésion des jeunes et futurs dirigeants européens et par là même, des peuples, en faisant ériger comme seule identité celle européenne.

Faire acclimater les bonnes pratiques d'ailleurs par un mimétisme organisationnel et institutionnel, c'est cela même qui fonde les principes du benchmarking. À mon avis, pour casser le cloisonnement de nos intellectuels sur des problématiques purement nationales, ce qui leur fait perdre d'ailleurs tout élan panafricaniste, c'est depuis les amphithéâtres de facultés qu'il faudra agir, en donnant l'opportunité aux jeunes étudiants de pouvoir connaître leurs camarades des autres pays africains, afin de partager leurs cultures, leurs difficultés au quotidien et surtout leurs aspirations respectives au développement.

Et pour conduire une telle initiative continentale, l'Union africaine aura tout juste à mobiliser une enveloppe financière pouvant permettre de prendre en charge les frais de déplacement et de séjour sous forme de bourse d'étude, pour les étudiants qui auront été rigoureusement sélectionnés. Les États dont les étudiants auront été sélectionnés devront offrir en contrepartie un cadre éducatif relevé aux étudiants étrangers, pour leur permettre de bénéficier de connaissances académiques de haute facture.

Pour prouver qu'un tel programme est loin d'être dispendieux, une simple simulation avec un effectif de 2000 étudiants à enrôler dès la première année est faite ainsi qu'il suit, avec deux lignes simples de dépenses à engager :

— Ligne **frais de déplacement** :

Un billet d'avion forfaitaire de 455 000 FCFA aller/retour par étudiant, pour prendre en compte les destinations long courrier.

— Ligne **bourse d'étude** :

Une bourse de 60 000 FCFA par étudiant et par mois pour une année, donc un total de 720 000 FCFA par année et par étudiant.

Rubriques des dépenses	Montants/an/étudiant	Total
Frais de déplacement	455 000 FCFA/2000 étu.	910 000 000 FCFA
Bourse d'étude	720 000 FCFA/2000 étu.	1 440 000 000 FCFA
	Total pour une année	2 350 000 000 FCFA

Ainsi, un montant de **2 milliards 350 millions** de francs CFA, soit un peu plus de 3,9 millions de dollars américain, est ressorti de la simulation pour un nombre de **2000 étudiants** comme base de lancement du programme de mobilité des étudiants africains. Cette enveloppe ne devrait pas constituer une dépense lourde pour l'Union africaine même si les difficultés financières qui plombent l'envol de l'organisation panafricaine ne sont plus un secret pour personne. Cependant, avec une somme aussi dérisoire, l'un des géants économiques du continent, à savoir, le Nigeria, l'Afrique du Sud ou l'Algérie, entre autres, pourrait prendre en charge à lui seul ce programme, pourvu qu'il soit bien organisé et bien administré.

Après cette phase test réussie, il sera possible de l'élargir à plus d'étudiants jusqu'à atteindre le nombre de 10 000 étudiants, voire plus, chaque année, ce qui fera un montant de 19,5 millions de dollars américains si l'on suit le même raisonnement dans la simulation précédente.

Nos jeunes frères étudiants gagneraient énormément à découvrir les autres pays du continent et à vivre une nouvelle expérience sur le plan social et éducatif. Et à coup sûr, ce programme, comme celui européen d'Erasmus, renforcera ou créera chez les jeunes une réelle identité africaine sur la base des valeurs du panafricanisme.

Chapitre V

L'agenda 2063 de l'Union africaine : une utopie

I. L'agenda 2063, un concentré de vœux pieux

Établir un calendrier pour le développement de l'Afrique en ayant comme horizon le centenaire de la création de l'Organisation de l'Unité Africaine (OUA), l'ancêtre de l'actuelle Union, c'est déjà fausser l'esprit qui devrait prévaloir à l'élaboration de cet agenda. Les rédacteurs de ce document ont voulu marquer, à mon avis, le symbolisme qui va entourer le centenaire de la mise en place de l'OUA, faisant fi de toutes les urgences qui accablent le continent noir.

Ces urgences ont pour noms les guerres civiles dans les pays du Centre, le terrorisme à la corne de l'Afrique et au Sahel, la démographie galopante, le chômage des jeunes, l'extrême pauvreté en milieu rural, la mise en otage du jeu démocratique par certains chefs d'État qui ne veulent pas organiser d'élections, le dessèchement du lac Tchad, entre autres.

En lieu et place d'une volonté clairement affichée de venir à bout de ces phénomènes et fléaux qui gangrènent et plombent le décollage de l'Afrique, la Commission de l'Union africaine, avec l'aval ou la complicité de nos dirigeants, nous déclame un ensemble de vœux en des aspirations, comme pour implorer le Ciel d'avoir, je cite :

1. Une Afrique prospère fondée sur la croissance inclusive et le développement durable.

2. Un continent intégré, uni sur le plan politique et ancré dans les idéaux du panafricanisme et la vision de la renaissance africaine.

3. Une Afrique où bonne gouvernance, démocratie, respect des droits de l'homme, justice et État de droit sont à l'ordre du jour.

4. Une Afrique vivant dans la paix et dans la sécurité.

5. Une Afrique dotée d'une forte identité, d'un patrimoine commun, et de valeurs et d'éthique partagées.

6. Une Afrique dont le développement est axé sur les populations, qui s'appuie sur le potentiel de ses populations, notamment celui des femmes et des jeunes, et qui se soucie du bien-être des enfants.

7. Une Afrique qui agit en tant qu'acteur et partenaire fort, unie et influente sur la scène mondiale.

Les fameuses sept (7) aspirations pour l'AVENIR que nous voulons pour l'AFRIQUE, disent-ils.

Sur ces 7 homélies ou formules magiques, seuls quelques points ont un programme chronologique avec des échéances fixées. Il s'agit :

— du point **13,** où la houe sera bannie d'ici 2025 dans le domaine agricole ;

— du point **22,** où sera mis un terme à l'occupation illégale de l'archipel de Chagos, de l'île comorienne de Mayotte, d'ici 2020, et affirmée l'autodétermination du peuple du Sahara occidental ;

— du point **26,** pour multiplier par deux le commerce intra-africain d'ici 2022 et son expansion à travers la facilitation des échanges pour passer de moins de 12 % en 2013 à près de 50 % en 2045 ;

— et enfin du point **66.h** sur la mise en œuvre de la Zone de libre-échange continentale qui devait être effective depuis 2017, mais dont la mise en vigueur s'est faite finalement en janvier 2021, et qui constitue du reste une première pour le continent, mais aussi un challenge pour nous autres Africains afin de montrer et de démontrer à la face du monde que l'Afrique est capable d'initier et de conduire sa propre politique de développement. Alors nous devons savoir que nous sommes condamnés à la réussite de ce marché commun continental.

En parcourant le document, on peut relever que l'échéance la plus ancienne s'arrête en 2045 ; il faut alors y comprendre qu'après cette année, la Commission de l'Union africaine nous invite tous à davantage prier pour qu'en 2063, l'année où cette organisation fêtera son premier siècle, tous ces vœux formulés se réalisent et que nos fils et petits-fils se réveillent un beau matin dans une Afrique développée et complètement débarrassée de ses maux. **C'est de l'utopie !**

L'Afrique reste la dernière terre encore vierge dans ce monde, même les Occidentaux osent la définir comme la dernière terre de conquête en termes de marché à l'heure actuelle. Alors, ces soi-disant « partenaires techniques » ne nous laisseront pas le temps de terminer nos prières, puisqu'à la vitesse où marche le monde, où les réalités évoluent, où l'on connait une révolution à chaque décennie, l'horizon 2063 leur paraîtra trop lointain, va même leur sembler perdu à la limite. En effet, des évolutions rapides sont notées dans les domaines :

— **culturel,** avec la remise en cause de nos mœurs traditionnelles, dictée par l'avènement de nouveaux droits ;

— **environnemental,** avec les changements climatiques ;

— **technologique,** avec l'évolution à la vitesse du son des TIC ;

— **démographique,** avec l'accroissement rapide de la population mondiale, dont celle de l'Afrique qui va passer de 1,3 milliard 2017 à 2,5 milliards en 2050, et même celle du Niger qui sera doublée.

Le continent africain est devenu un réel marché très prisé par tous. Les Asiatiques veulent en faire une extension de leurs terres agricoles pour pouvoir nourrir leur population, les Occidentaux ont depuis toujours les yeux rivés sur nos ressources naturelles, comme le pétrole, puisque les pays du Moyen-Orient commencent à en faire une gestion rigoureuse. Et nous autres Africains, on n'en prend pas conscience parce que ces pays occidentaux et asiatiques, à travers leurs agences de coopération, nous saupoudrent d'aides ou de financements pour notre soi-disant développement, à telle enseigne que certains de nos dirigeants ne peuvent plus rien leur refuser.

Nous, jeunes Africains, dans l'intérêt de la préservation de notre futur, nous devons dire haro face à ce modèle de développement qui n'a jamais porté ses fruits depuis nos indépendances et qui consiste à nous proposer de nous endetter pour survivre et de travailler pour payer nos dettes. C'est dans cette optique à la limite révolutionnaire que l'agenda 2063 devrait s'inscrire, pour mettre un terme à ce cycle qui nous afflige.

II. La non-implication des jeunes dans la préparation de l'agenda 2063

Il faut rappeler que le processus d'élaboration de l'agenda 2063 a été biaisé sur toute sa ligne, puisque même les États membres n'ont vraiment pas eu à exprimer leurs attentes à travers ce programme continental, a fortiori leurs populations, et plus particulièrement les jeunes.

Il faut également le dire, un agenda avec un horizon aussi lointain est quasiment destiné à la jeunesse et aux générations futures. Hélas, force est de constater que ce programme, même s'il revêt des aspirations on ne peut plus idéalistes, demeure profondément plus politique qu'économique :

— le premier aspect politique : sa déclinaison sur un demi-siècle (50 ans), autrement dit sur deux générations à partir de 2013, pour ainsi coïncider avec le centenaire de la création de l'Organisation pour l'Unité Africaine (OUA), ne colle pas avec les urgences quotidiennes permanentes que vivent les populations africaines - ce n'est pas un agenda politique – ;

— le second aspect encore politique a trait au contenu même du programme : l'approche Jeunesse-Emploi y est traitée de manière subsidiaire. Il est vrai que le développement induit nécessairement une forte création d'emplois et cette dimension y est revenue, certes. Cependant, ce que les rédacteurs de l'agenda ont perdu de vue, c'est bien la demande pressante d'emploi des jeunes qui est sans cesse grandissante. Des milliers et des milliers de jeunes diplômés et bien formés arrivent chaque année sur le marché de l'emploi dans nos pays et nos gouvernants en ont parfaitement conscience. Alors vouloir les faire patienter jusqu'à la réalisation des vœux exprimés dans l'agenda, c'est dire que beaucoup de jeunes seront au chômage jusqu'à l'âge de leur retraite. Donc, la plupart des demandeurs d'emploi de la tranche d'âge 20-25 ans en 2020 risquent de se retrouver à la retraite sans avoir jamais travaillé jusqu'à l'horizon 2063. Sachant cette probabilité très forte, beaucoup parmi eux émigrent pour ne pas dire s'exilent vers l'étranger, soit pour monnayer leur savoir-faire, soit dans le pire des cas, devenir des bonhommes à tout faire malgré leur niveau d'études, rien que pour gagner leur vie.

À mon avis, après une lecture minutieuse de l'agenda dans son aspiration 6, je suis fondé à dire que les États n'ont pas suffisamment été incités à définir une réelle politique de création d'emplois. Une bonne politique sociale est très importante pour parvenir au développement économique, puisqu'un investisseur détenteur d'un capital n'a besoin que d'une ressource humaine qualifiée en plus d'un environnement politique stable. Pour les questions de stabilité politique, beaucoup de pays africains ont réglé ou tentent de régler définitivement cette équation, excepté une petite minorité. De même que la question de la ressource humaine de qualité se résout de manière progressive.

Alors, il reste à nos dirigeants de changer de paradigme vis-à-vis des investisseurs, c'est-à-dire de ne plus accorder d'avantages fiscaux à ces derniers uniquement sur la base de la création d'unités productives, mais désormais et surtout d'insister sur le nombre critique d'emplois qu'ils comptent réellement créer. C'est à cette dynamique que l'agenda 2063 devrait inviter les États membres, à repenser leur programme d'incitation aux investissements étrangers.

III. Le chômage endémique des jeunes : une bombe sociale à retardement

*I*l me semble que la problématique de l'emploi des jeunes n'émeuve plus, j'allais même dire n'inquiète pas vraiment nos dirigeants qui, à force de slogans, de déclarations ou même de promesses de création d'emplois, essayent d'étouffer cette lancinante question.

Les statistiques de l'institution panafricaine, à savoir, la Banque Africaine de Développement (BAD), sur le chômage des jeunes en Afrique, donnent des sueurs froides. Selon le rapport annuel 2016 de la (BAD)[17], un tiers des 420 millions de jeunes Africains (âgés de 15 à 35 ans) est au chômage et pour ne rien arranger, la banque affirme encore que chaque année, 10 à 12 millions de jeunes Africains arrivent sur le marché de l'emploi. Et seuls 3,1 millions obtiennent un emploi, pour la plupart précaire, et les 8 millions qui restent vont gonfler davantage le rang des chômeurs et ainsi faire augmenter le taux de chômage qui est déjà très élevé. Le plus écœurant est que ces jeunes chômeurs sont, dans leur grande majorité, des diplômés de l'enseignement supérieur avec un niveau d'études poussé (licence – master) ou des ouvriers qualifiés (mécaniciens – tailleurs – cordonniers, etc.).

Ces jeunes qui ne demandent qu'à travailler, dont le premier emploi devient un rêve presque illusoire, se

---

[17] Rapport annuel 2016 du groupe de la BAD.

mettent à quémander des stages par-ci par-là, pour davantage enrichir la partie « expériences professionnelles » de leur CV (curriculum vitae), afin de mieux compétir aux rares offres d'emplois qui se présentent à eux. Alors que l'emploi, au même titre que l'éducation, est un droit que tout État démocratiquement organisé doit garantir à sa population. Hélas, les taux de chômage qui affolent les dirigeants de certains pays occidentaux au point de leur faire perdre leurs réélections, parce que n'ayant pas su réaliser leur promesse de les réduire, ne constituent guère des soucis pour nos dirigeants. En Afrique, les taux qui fléchissent à plus 35 % semblent ne pas déranger outre mesure et tentent de s'expliquer par une fatalité qui promeut l'inaction de nos dirigeants.

En tout cas, une jeunesse désœuvrée peut être une bombe à retardement pouvant faire vaciller tout un régime. Et pour parer cette éventualité dangereuse, de nombreuses distractions leur sont proposées, comme les championnats de foot locaux et européens, le basket, la lutte, pour les pays qui en ont fait leur culture. À titre d'exemple, au Sénégal dans les années 2000, les cas d'agressions violentes étaient devenus récurrents au point d'installer un climat de peur, voire de psychose, chez les populations. Les autorités, pour endiguer le phénomène, faisaient des opérations de sécurisation qui ne parvenaient pas à venir à bout de cette situation d'insécurité. Entre-temps, la lutte sénégalaise s'est développée avec des cachets de plusieurs dizaines, voire une centaine de millions par lutteur, pour des combats chocs. Ces derniers commencèrent à devenir de véritables stars et par l'effet d'entraînement, tous ces jeunes délinquants qui violentaient la population parce que n'ayant pas d'occupation ont commencé à rejoindre les écuries de ces grands lutteurs, pour ainsi devenir leurs lieutenants ou leurs poulains.

Toujours est-il que le sport ne peut pas absorber tous les chômeurs, surtout ceux lourdement diplômés. Il est de la responsabilité d'un État de créer des emplois pour sa jeunesse, malgré le fait que les économistes, surtout libéraux, rappellent toujours que c'est plutôt le secteur privé qui en a la vocation et que l'État doit juste créer les conditions et assurer la régulation.

Ce principe économique, de mon point de vue, est valable et applicable dans une économie développée avec un secteur privé très dynamique. Par contre, les États qui ont toujours une économie en formation et un secteur privé qui ne l'est que de nom, incapable de former un tissu industriel viable, doivent s'arroger le rôle d'opérateurs économiques surtout sur les secteurs à fort potentiel d'investissements comme l'agriculture, l'agro-industrie et les industries lourdes, souvent délaissés par le secteur privé.

Comparativement à tous les modèles de développement, le modèle chinois semble mieux se rapprocher des réalités africaines. En effet, la Chine s'est fermée au reste du monde pendant plus d'une trentaine d'années, pour bâtir son économie sous la direction et les orientations de l'État, avant de conquérir de manière invasive le monde entier. Ce « péril jaune », allusion faite à la couleur de peau de ce peuple asiatique et qu'évoquait Cheikh Anta Diop dans l'un de ses ouvrages[18], est devenu par sa force économique et commerciale l'une des premières puissances de ce monde actuel. Juste pour affirmer que les règles et les principes n'ont de valeur que dans leur contexte et leur environnement et que tout mimétisme nécessitera forcément une acclimatation, pour ne pas dire une réadaptation, aux conditions locales.

Il est temps en Afrique que les États créent plus d'entreprises publiques nationales ou parapubliques surtout dans les secteurs de la transformation des produits agricoles comme le cacao en chocolat, la mangue en concentré, le caoutchouc en granulés, par exemple, et même certaines ressources minières comme la bauxite en alumine brute. Avec ces chaînes de valeur, des milliers d'emplois seront créés et ainsi seront évitées les exportations de matières premières dont les prix restent souvent dérisoires.

Pour mettre en pratique cette option économique, la règle des **51 – 39 – 10** % peut constituer une bonne formule, dans la mesure où l'État initie et met en place la société en question, qui devient naturellement un EPIC (établissement public industriel et commercial) à participation publique majoritaire où l'État va détenir la majorité – au moins 51 % – pour mieux contrôler la politique de création d'emplois et de bonne gestion qui

---

[18] « Les fondements économiques et culturels d'un État fédéral d'Afrique noire »

seront inscrites en règle d'or à travers le Conseil d'administration et la Direction générale. Pour compléter le capital social de ces entreprises nouvellement créées, un maximum de 39 % de leur capital sera ouvert au secteur privé pour leur permettre d'apporter leur savoir-faire et faire profiter à celles-ci de leur réseau de partenaires pour la commercialisation des produits. Enfin, pour les 10 % restants, ils seront exclusivement réservés aux travailleurs desdites sociétés pour les obliger à faire leurs ces dernières, en sachant que la bonne santé de l'entreprise leur profitera à eux aussi par les dividendes qu'ils vont percevoir à la fin de chaque exercice annuel, en plus de leur salaire de travailleurs. Ce sera une façon de leur ôter toute idée ou sentiment d'exploitation induit par les dirigeants de ces boîtes.

En effet, en Afrique, l'expérience a montré que la plupart des entreprises publiques sombrent à cause des problèmes de mal gouvernance et de gestion gabégique. Ce qui a d'ailleurs justifié les regrettables plans d'ajustement structurels des institutions de Bretton Woods, imposant aux États dont les finances publiques n'étaient pas des meilleures de privatiser ces dernières pour transférer la gestion au privé, pour pouvoir renflouer leur caisse afin d'honorer leurs engagements vis-à-vis de leurs créanciers.

La règle des 51 – 39 – 10 % peut être une solution pertinente à l'inertie ou du moins à la frilosité du secteur privé d'investir dans des zones économiques éloignées des grands centres ou dans les secteurs innovants et à grands risques. Mais surtout, cette formule peut être une réponse au sous-emploi endémique dans presque tous les États du continent africain.

Il est temps que nos dirigeants se départissent de l'idée selon laquelle les États n'ont pas vocation de créer des emplois et doivent se limiter à la régulation. Ce principe économique basé sur le libéralisme qui prône le laisser-faire, le laisser-aller, peut trouver sa pertinence dans le contexte d'une économie portée par un secteur privé fort et dynamique comme c'est le cas dans les puissances économiques.

Cet idéal économique se heurte à des limites dans certaines situations où l'État est obligé de reprendre certaines sociétés en difficulté pour éviter la perte de milliers d'emplois (exemple : aux USA avec General Motors en 2009).

IV. Une alternative à l'agenda 2063

L'agenda 2063 devrait être un document stratégique qui prendrait en compte tous les maux qui accablent les populations africaines, d'abord en mettant un terme à la spirale de l'endettement qui assaille nos États. Ces dettes publiques constituent un goulot d'étranglement qui freine tout effort de développement. Les institutions panafricaines comme la BAD doivent impérativement se doter d'instruments de financement capables de suppléer ceux des institutions du FMI et de la Banque mondiale. Ainsi, nos États pourront se détourner des offres de prêts à conditions multiples de la Banque mondiale et du FMI et même des clubs de Paris et de Londres. Cela est possible, il suffit juste que nos hommes d'affaires, nos grands chefs d'entreprise et même nos dirigeants politiques arrêtent de garder leurs épargnes à l'étranger, mais envisagent le rapatriement de nos avoirs extérieurs et autres réserves de change logés dans les banques occidentales.

Rien que les avoirs extérieurs de la Libye, du temps de Kadhafi, de l'Algérie et du Nigeria, faisaient plus 255 milliards de dollars environ – 127 500 milliards de francs CFA. Avec cette manne financière, l'Afrique pourrait se doter de grands groupes de banques en plus de la BAD, pour soutenir tous les projets de développement et d'investissement engagés par les pays africains.

C'est un euphémisme de dire que la population africaine augmente. Les projections de la Banque mondiale tablent sur un doublement de la population d'ici 2050, pour atteindre les 2,5 milliards d'habitants. Il est vrai que les populations de tous les pays africains augmentent d'année en année, ce qui veut que cette croissance soit progressive, et que d'ici 2030 déjà, la population africaine, qui était de 1,3 milliard en 2017, pourrait augmenter de près de 50 %.

L'équation la plus difficile à résoudre pour un pays qui est déjà confronté à des problèmes de pauvreté, de santé et d'insertion de sa jeunesse, c'est bien entendu l'augmentation de sa population, puisque tous les efforts de l'État sont annihilés par la demande sans cesse croissante en différents domaines, surtout en services sociaux de base – santé, eau et assainissement, éducation, électrification – et par ricochet, la problématique du chômage des jeunes.

L'agenda africain devrait également satisfaire nos attentes par rapport aux projections et anticipations dans la marche du monde, pour permettre à l'Afrique de se repositionner sur l'échiquier international. Ceci, par des actions on ne peut plus concrètes dans le temps, en prenant en compte l'évolution rapide, voire très rapide, du monde. L'Afrique ne devrait pas se marginaliser par rapport à cette évolution et doit arrêter de la subir, mais plutôt en être actrice, comme les nouveaux ordres mondiaux que sont la mondialisation et les changements climatiques, entre autres.

C'est sur ces questions que l'on attendait les rédacteurs de l'Agenda. Par conséquent, ils devraient concrètement prendre en charge les aspects sociaux du développement de l'Afrique, à savoir :

— la gratuité de l'éducation primaire dans tous les pays africains à partir de 2022, pour permettre aux enfants d'avoir au moins un minimum de scolarité pour pouvoir lire et écrire ;
— l'éducation obligatoire des enfants jusqu'à l'âge de 13 ans ;
— la généralisation de la couverture maladie universelle pour tous les enfants africains jusqu'à 5 ans à partir de 2025 ;
— l'utilisation à un taux de 25 % des énergies renouvelables sur le plan continental d'ici 2030, comme alternative aux énergies fossiles, avec la mise sur pied de centrales éoliennes et solaires selon les

zones habilitées, pour venir à bout des problèmes d'électricité urbaine dans certains pays comme la Gambie, la Guinée-Bissau, pour ne citer que ceux-ci ;

— l'élaboration d'un document sur l'utilisation et le partage des cours d'eau inter États et la réhabilitation de ceux qui menacent de tarir comme le lac Tchad ;

— la création de cinq (5) universités africaines d'excellence à partir de la Licence pour viser la crème, ceci dans chacune des régions du continent, pour susciter la mobilité des jeunes vers les autres pays africains, d'ici 2030 ;

— la non-reconnaissance sans concession de tout régime issu d'un coup d'État, quelles que soient les raisons, pour ainsi bannir les régimes putschistes ou totalitaires que seule l'Afrique continue de connaître ;

— l'intervention rapide dans tout conflit armé interne ou entre États belligérants par des négociations sérieuses, ou si besoin, dans une nécessité impérieuse, intervenir militairement par une force d'interposition régionale ou africaine, pour faire revenir la paix et protéger leur population ;

— l'éradication de toutes les maladies pandémiques comme le paludisme, la tuberculose, la lèpre, etc., et la baisse de la mortalité maternelle et juvénile dans tous les pays africains d'ici 2030 ;

— la réalisation de l'intégration de tous les peuples d'Afrique par la signature et la ratification par tous les États du Protocole continental sur la libre circulation des biens et des personnes avant 2025 au plus tard, condition sine qua non pour toute réussite de la Zone de libre-échange continentale – ZLECaf.

Ériger ces objectifs comme préalables demeure un impératif afin de régler d'abord les problèmes sociaux, puisqu'un développement est avant tout social avant d'être économique.

La différence majeure entre les pays développés et les pays qui y aspirent, c'est tout simplement le bien-être social où les services sociaux sont totalement assurés par l'État à tous ses citoyens. Après presque 60 ans d'indépendance pour la plupart, les États africains sont suffisamment bien constitués pour ne plus évoquer comme excuses l'esclavage et la colonisation comme causes majeures de leur sous-développement.

De mon point de vue, l'agenda africain devrait s'inscrire sur une échéance de 15 ans ou 20 ans au plus, avec comme horizon 2030, afin que son évaluation puisse se faire pour pouvoir le modifier et l'adapter par rapport aux prévisions très alarmistes sur l'augmentation de la population africaine qui passera de 1,3 milliard actuellement à 2,5 milliards en 2050 et aux différents contextes qui adviendront.

Tout au contraire, l'agenda 2063 qui se projette cent ans après la création de l'OUA sera forcément caduque et désuet pour pouvoir prendre en compte ces itérations éventuelles. L'échéance 2063 aura vécu toutes sortes d'événements phares, de bouleversements, voire de conflits, en Afrique ou ailleurs dans le monde, qui auront nécessairement des impacts dans les efforts de développement et d'intégration des peuples africains. Et comme tout document de programmation, l'agenda 2063 se prêtera obligatoirement à un exercice d'évaluation pour en apprécier la bonne exécution.

Cependant, cet exercice d'évaluation pourrait se heurter à la présence physique de ceux qui avaient réfléchi et élaboré ce document, puisque d'ici 2063, la plupart d'entre eux seront presque centenaires malgré la moyenne d'âge des fonctionnaires de l'Union africaine, qui est passée de 54 à 46 ans[19], même avec une politique de rajeunissement du personnel opérée ces cinq dernières années par le directeur de l'Administration de l'UA depuis 2014. Je le cite : « Je recrute de plus en plus de jeunes motivés et super bien formés ». Malgré ce vent de changement, tous les agents de l'UA qui ont préparé cet agenda ne seront plus en fonction pour se prêter à un quelconque exercice d'évaluation du document.

Pour un continent où tout est à faire et à construire, on n'a pas le droit de verser dans le symbolisme comme c'est le cas avec l'agenda 2063, juste pour commémorer le centenaire de l'OUA qui a d'ailleurs échoué dans sa mission d'intégration et de développement, au point d'être muée en Union depuis 2002.

En Afrique, l'heure est grave, pour emprunter cette expression à nos jeunes frères étudiants. Alors, pour un programme aussi important et aussi ambitieux, son horizon devrait être rapproché pour que les changements

---

[19] Journal *Le Monde* en date du 7 février 2018, par Joan Tilouine et Ghalia Kadiri.

aspirés puissent s'opérer dès maintenant, afin que les générations futures puissent également croire en l'avenir.

Bibliographie

Ouvrages

— *Les fondements économiques et culturels d'un État fédéral d'Afrique*, Cheikh Anta DIOP, édition Présence Africaine.
— *L'Afrique doit s'unir*, Kwamé NKRUMAH, édition Présence Africaine.
— *Demain, la nouvelle Afrique*, Adama GAYE, édition L'Harmattan.

Éditions de journaux et publications

— La version grand public de l'Agenda 2063
— La thèse de William DUBOIS : « La suppression de la traite négrière aux États-Unis de 1638 à 1870 »
— Étude du groupe la Banque mondiale sur la population en 2050, publiée en juillet 2018.

- « Le protocole pour la libre circulation des personnes, le droit de résidence et le droit d'établissements » de l'Union africaine
- Le Rapport annuel 2016 de la Banque Africaine de Développement (BAD)
- Édition du journal *Le Monde* en date du 7 février 2018, article intitulé : « Longtemps sous perfusion, l'Union Africaine en quête d'autonomie financière »

Table des matières

Structures éditoriales du groupe L'Harmattan

L'Harmattan Italie
Via degli Artisti, 15
10124 Torino
harmattan.italia@gmail.com

L'Harmattan Hongrie
Kossuth l. u. 14-16.
1053 Budapest
harmattan@harmattan.hu

L'Harmattan Sénégal
10 VDN en face Mermoz
BP 45034 Dakar-Fann
senharmattan@gmail.com

L'Harmattan Cameroun
TSINGA/FECAFOOT
BP 11486 Yaoundé
inkoukam@gmail.com

L'Harmattan Burkina Faso
Achille Somé – tengnule@hotmail.fr

L'Harmattan Guinée
Almamya, rue KA 028 OKB Agency
BP 3470 Conakry
harmattanguinee@yahoo.fr

L'Harmattan RDC
185, avenue Nyangwe
Commune de Lingwala – Kinshasa
matangilamusadila@yahoo.fr

L'Harmattan Congo
67, boulevard Denis-Sassou-N'Guesso
BP 2874 Brazzaville
harmattan.congo@yahoo.fr

L'Harmattan Mali
ACI 2000 - Immeuble Mgr Jean Marie Cisse
Bureau 10
BP 145 Bamako-Mali
mali@harmattan.fr

L'Harmattan Togo
Djidjole – Lomé
Maison Amela
face EPP BATOME
ddamela@aol.com

L'Harmattan Côte d'Ivoire
Résidence Karl – Cité des Arts
Abidjan-Cocody
03 BP 1588 Abidjan
espace_harmattan.ci@hotmail.fr

Nos librairies en France

Librairie internationale
16, rue des Écoles
75005 Paris
librairie.internationale@harmattan.fr
01 40 46 79 11
www.librairieharmattan.com

Librairie des savoirs
21, rue des Écoles
75005 Paris
librairie.sh@harmattan.fr
01 46 34 13 71
www.librairieharmattansh.com

Librairie Le Lucernaire
53, rue Notre-Dame-des-Champs
75006 Paris
librairie@lucernaire.fr
01 42 22 67 13

www.ingramcontent.com/pod-product-compliance
Lightning Source LLC
LaVergne TN
LVHW051406061026
849535LV00009B/3388